AF525815

Sewanou Martial Jupiter Lanmadousselo

Wie die Frauen ihre Busen bekamen

Oraltradierte Märchen der Fon-Volksgruppe aus Benin

Bibliografische Information der Deutschen Nationalbibliothek:
Die Deutsche Nationalbibliothek verzeichnet diese Publikation in der Deutschen Nationalbibliografie; detaillierte bibliografische Daten sind im Internet über http://dnb.dnb.de abrufbar.

Herstellung und Verlag: BoD – Books on Demand, Norderstedt

ISBN: 978-3-7528-4161-9

Inhaltsverzeichnis

VORWORT

Die Fon-Volksgruppe in Benin war, wie viele afrikanische Volksgruppen, bis zum Ende des 19. Jahrhunderts ein schriftloses Volk. Es gab damals keine Schulen, keine Bücher und keine modernen Kommunikationsmittel. In Abwesenheit von Schriften galt das Hauptkommunikationsmittel der Oralität. Die Literatur existierte nur mündlich und war sehr lebendig. Viele Gattungen der Oralliteratur wie das Panegyrikon, das Sprichwort, die Mythe, die Volkslieder und das Märchen hatten im Alltag der Fon-Angehörigen eine Schlüsselrolle. Unter allen Oralgenres ist das Märchen am populärsten. Es wird mündlich über Generationen hinweg überliefert. Die Erzählsitzungen fanden abends nach harten Handwerkarbeiten entweder im engen Familienkreis oder auf öffentlichen Plätzen in den Dörfern statt. Sie gelten als ein mächtiges Werkzeug der Aufbewahrung der oraltradierten Fon-Märchen.

Nun macht man die bittere Beobachtung, dass die Erzählsitzungen in den ländlichen Fon-Gebieten, die die Hochburgen der mündlichen Überlieferung darstellen, stark zurückgegangen sind, nicht zuletzt wegen der Modernisierung der traditionellen Fon-Gesellschaft. Konsequenterweise werden die Märchenerzähler immer weniger, genauso wie die Brüder Grimm es im 19. Jahrhundert im Vorwort der „Kinder- und Hausmärchen“ anmerkten. Die Fon-Märchen bedroht das Verschwinden, wenn keine Bewahrungsaktion unternommen wird, um sie vor Vergessenheit zu schützen. Das vorliegende Buch *„Wie die*

Frauen ihre Busen bekamen“ leistet einen Beitrag zur Bewahrung dieser Märchen vor dem Verschwinden.

Das Buch ist die Veröffentlichung eines Teils der Märchen, die ich bei mehreren Feldforschungen in den ländlichen Gebieten der Fon-Volksgruppe in Benin aufgezeichnet hatte. Die Aufzeichnung wurde mit einem Fotoapparat ausgestattet mit einem Rekorder und mit einem Handy durchgeführt. Die Märchen, die in diesem Buch enthalten sind, sind die ins Deutsche übersetzten Versionen eines Teils der aufgezeichneten Fon-Märchen.

Dem Leser dieses Buchs wird es auffallen, dass die Märchen eine andere Anfangsformel „Mein Märchen fliegt hin und her …“, „Mein Märchen springt durch Wälder …“ etc. und eine Schlussformel „Deshalb darf man nicht …“ oder „Deshalb soll man nicht …“ etc. haben. Die Anfangsformel ist eine Anspielung auf die Zentralfigur bzw. auf die Zentralfiguren oder gar auf die Protagonisten der Märchen. An die Schlussformeln wird eine Morallehre angeknüpft, die eng mit dem Handlungsverlauf oder mit dem Schicksal eines der Hauptprotagonisten der Märchen zusammenhängt.

An dieser Stelle bedanke ich mich ganz herzlich bei allen Erzählern, die akzeptiert haben, mir einen Teil der oraltradierten Märchen der Fon-Volksgruppe zu erzählen, die im Mittelpunkt des vorliegenden Buches stehen. Mein Dank geht ebenfalls an alle, die auf die eine oder die andere Weise bei der Korrektur des Manuskripts dieses Buchs geholfen haben.

Sewanou Jupiter M. Lanmadousselo

Die neidische Nebenfrau

Mein Märchen fliegt, fliegt und setzt sich endlich auf zwei Frauen desselben Manns.

Beide Frauen hatten je eine Tochter. Die eine war arm, die andere etwas wohlhabend.
Die arme Frau arbeitete sehr fleißig. Nach einer kurzen Zeit sparte sie Geld und wollte Maisteig verkaufen *(Der Verkauf des Maisteigs ist in Benin sehr verbreitet, vor allem in den ländlichen Regionen).* So kaufte sie sich eines Tages Mais, ließ ihn mahlen und kochte daraus Teig. Den Teig teilte sie in kleine Klöße und verhüllte sie mit Blättern. Dann holte sie sich eine Schale und legte die verhüllten Maisklöße darin. Der Tochter ließ sie die Schale auf den Kopf tragen und diese ging die Maisklöße feilbieten.

Unterwegs stieß die Tochter auf Dossou Bligodo *(Ein Gespenst, das in den Märchen der Volksgruppe Fon aus Benin auftritt. Es hat weder Kopf noch Arme und Füße. Es leiht seine Glieder von normalen Menschen aus).*
Bligodo war zu jenem Zeitpunkt auf einem Baum und spuckte zwischen die Brüste der Tochter. Diese guckte auf den Baum und sagte: „Wer ist jener, der gerade zwischen meine Brüste gespuckt hat?“ Und Bligodo antwortete ihr, indem es *(es steht für Bligodo)* den Baum hinunterstieg: „Du bist die Frau, die ich heiraten möchte“.
Die Tochter zeigte keine negative Reaktion darauf und antwortete ihm auch: „Du bist der Mann, den ich heiraten

möchte“. Gleich danach folgte die Tochter Dossou Bligodo nach Hause.

Auf dem Weg zum Dobligodos Haus stießen sie auf einen Termitenhügel. Da sagte Bligodo: „Termitenhügel, öffne dich!“ Und der Termitenhügel öffnete sich auf der Stelle. Kaum hatten sie den Termitenhügel betreten, schon stand vor ihnen ein Haus. Da fing der Hausbewohner an zu sagen: „Bligodo, warum bist du so? Du hast mich gebeten, dir meine Füße auszuleihen. Ich habe sie dir geliehen und du bist seit langem damit ausgegangen und hast sie mir nicht zurückgebracht.“ Daraufhin sagte Bligodo: „Hier sind deine Füße “. Und der Hausbewohner nahm seine Füße zurück.
Die Tochter aber folgte Bligodo schweigend.

Als sie den Weg weitergingen, erblickten sie erneut ein Haus. Und der Hausbewohner sagte: „Bligodo, warum bist du so? Du hast mich gebeten, dir meine Arme auszuleihen. Ich habe sie
dir geliehen und du bist seit langem ausgegangen und hast sie mir nicht zurückgebracht.“ Daraufhin sagte Bligodo: „Hier sind deine Arme “. Und der Hausbewohner nahm seine Arme zurück.
Als sie den Weg weitergingen, stießen sie unterwegs auf ein anderes Haus.
Und jener Hausbewohner sagte: „Bligodo, warum bist du so? Du hast mich gebeten, dir meinen Kopf auszuleihen. Ich habe ihn dir geliehen und du hast ihn mir seit langem nicht zurückgebracht. Ich wollte ausgehen und wartete auf dich.“

Daraufhin sagte Bligodo erneut: „Hier ist dein Kopf". Da fing er an, vor der Tochter zu rollen.
Die Tochter aber folgte ihm schweigend.
Endlich kamen sie bei Bligodo an. Da fingen alle Bligodo ähnlichen Hausbewohner an zu sagen: „Schaut mal! Schaut mal! Es gibt eine Unbekannte unter uns."
Bligodo entgegnete ihnen aber: „Nein, sie ist keine Unbekannte. Sie ist eine Frau, die ich geheiratet habe, und die ich nach Hause gebracht habe." Und alle Hausbewohner nickten als Zeichen der Zustimmung.

Als die Tochter nun bei den Bligodos wohnte, gaben sie ihr eines Tages ein Maiskorn zum Mahlen und Kochen, damit alle Hausbewohner essen konnten. Ohne sich darüber zu empören, brachte die Tochter das einzige Maiskorn auf einen rechteckigen breiten Stein und fing an, es zu mahlen.
Plötzlich vermehrte sich das Maiskorn. Da kochte sie den Teig und servierte ihn den Bligodos. Sie kannte sie aber nicht von Namen und sagte: „Du, hier ist dein Essen! Du, hier ist dein Essen!"
Aus diesem Grund verlangten die Bligodos von da an, dass die Tochter sie bei dem nächsten Mal bei ihren jeweiligen Namen nannte.
Als die Tochter ein anderes Mal ein weiteres Maiskorn zu mahlen bekam, flog eine Nachtigall vorbei und verriet ihr die jeweiligen Namen aller Bligodos. Die Tochter gab dem Vogel ein wenig gemahlenen Mais zur Belohnung und er flog weg.
Beim Servieren des Essens an jenem Abend nannte die Tochter jedes einzelne Bligodo bei seinem Namen.

Das erstaunte sie sehr, weil sie damit rechneten, dass die Tochter ihre jeweiligen Namen nicht nennen würde und dass sie sie deswegen umbringen würden. So sagten sie unter sich: „ Diese Tochter hat unsere Namen richtig erraten. Wir können sie nicht mehr umbringen."
Sie baten die Tochter, noch drei Tage bei ihnen zu verbringen. Und die Tochter akzeptierte ihren Vorschlag. Den zweiten Tag hielten die Bligodos eine Versammlung ab, nach der sie Stoffe und Schmucksachen kauften und Geld hinzufügten. Danach packten sie das Ganze in eine Kiste. Jene Kiste war aber sehr schmutzig. Zur gleichen Zeit packten sie Messer und alle gefährlichen Dinge in eine andere Kiste, die schön war und glänzte.
Den dritten Tag brachten sie die beiden Kisten mit, riefen die Tochter und sagten ihr: „Jetzt sollst du nach Hause gehen. Aber bevor du nach Hause gehst, sollst du eine von diesen beiden Kisten auswählen."
Die Tochter betrachtete lange die beiden Kisten und wählte die Schmutzige aus. Gleich danach legten sie die Bligodos in die ausgewählte Kiste hinein und wollten sie bis ihre Mutter tragen. Die Kiste war aber so schwer, dass sie sie nicht tragen konnten. Da baten sie die vorbeifliegenden Vögel, die Kiste mitzunehmen. Viele Vögel probierten es vergebens. Endlich kam ein Geier, der die Kiste mit großen Flügelschlägen wegnahm und sie auf das Dach des Zimmers ihrer Mutter ablegte.

Die Mutter hatte vergebens ihre Tochter gesucht und fürchtete, ihre Tochter nie wieder zu sehen.
Als sie die Kiste auf ihrem Dach erblickte, fing sie an zu jammern: „Kóyí nyán, ó yéégé! *(Ausruf des Gejammers)*

Meine Tochter ist schon seit langem vermisst und ich habe sie bisher nicht wiedergefunden. Da geschieht es, dass sich eine Kiste auf meinem Dach befindet."
Auf der Stelle fing sie an, alle Leute um Hilfe zu rufen. Diese halfen ihr, indem sie auf das Dach hinaufstiegen und die Kiste heruntertrugen.
Als sie die Kiste aufmachten, fanden sie darin Schmucksachen, Geld und die Tochter. So wurden die Tochter und ihre Mutter reich.

Die neidische Nebenfrau, der der Erfolg der Stieftochter aufgefallen war, fing an, ihre eigene Tochter zu schelten: „Du, du machst nichts. Du bleibst nur zu Hause. Du wirst hier alt werden. Alle deine Gleichaltrigen werden schon reich."
Nachdem sie ihre Tochter so gescholten hatte, ging sie auf den Markt, verkaufte Mais, mahlte ihn und kochte Teig. Dann setzte sie die Teigschale auf den Kopf ihrer Tochter und sie ging sie feilzubieten.
Unterwegs stieß sie auf Dossou Bligodo, der sich auf einem Baum befand. Bligodo spuckte zwischen die Brüste der Tochter und sie reagierte gleichzeitig darauf: „Na so was! Wer bist du denn?" Da stieg Bligodo den Baum hinab und sagte: „ Du bist die Frau, die ich heiraten möchte."
Die Tochter guckte Bligodo von Kopf bis Fuß an und sagte: „Wer ist denn jener, der mich heiraten möchte? Bevor ich dich heirate, sollst du mir den Weg zeigen, der meine Stiefschwester zum Reichtum geführt hat."
Da sagte Bligodo: „Das ist nicht schlimm. Folge mir nur!
So gingen sie den Weg weiter.

Unterwegs stießen sie auf einen Termitenhügel. Da sagte Bligodo: „Termitenhügel, öffne dich!“

Daraufhin erwiderte die Tochter: „Öffnen sich hier auch die Termitenhügel?“ Bligodo antwortete ihr aber nicht und sie gingen weiter.

Unterwegs stießen sie auf ein Haus. Da fing der Hausbewohner an zu sagen: „Bligodo, warum bist du so? Du hast mich gebeten, dir meine Füße auszuleihen. Ich habe sie dir geliehen und du bist seit langem damit ausgegangen. Jetzt will ich meine Füße zurück haben.“

Da sagte Bligodo: „Hier sind deine Füße!“ Dann gab es die Füße zurück.

Das erstaunte die Tochter sehr und sie sagte zu sich: „Werden hier auch die Füße ausgeliehen?“

Ferner stießen sie erneut auf ein Haus und der Hausbewohner sagte: „Bligodo, warum bist du so? Du hast mich gebeten, dir meine Arme auszuleihen. Ich habe sie dir geliehen und du hast sie mir seit langem nicht zurückgegeben. Ich wollte ausgehen und wartete auf dich.“

Daraufhin sagte erneut Bligodo: „Hier sind deine Arme“.

Das erstaunte ebenfalls die Tochter und sie sagte zu sich: „Werden hier sogar die Arme ausgeliehen? “

Etwas ferner erblickten sie ein Haus und dessen Bewohner sagte: „Bligodo, warum bist du so? Du hast mich gebeten, dir meinen Kopf auszuleihen. Ich habe ihn dir geliehen und du hast ihn mir seit langem nicht zurückgegeben. Ich wollte ausgehen und warte darauf.“

Daraufhin sagte Bligodo: „Hier ist dein Kopf“.

Da fing es an, vor der Tochter zu rollen. Das überrascht die Tochter sehr und sie sagte zu sich: „Wem bin ich gefolgt? Er hat weder Kopf, noch Arme und Füße." Bligodo rollte aber schweigsam weiter.

Unterwegs stießen sie auf ein Haus. Und es war das Haus von Bligodo. Kaum hatten sie das Haus betreten, schon fingen weitere Bligodos an zu sagen: „Schaut mal! Schaut mal! Es gibt eine Unbekannte unter uns."

Daraufhin erwiderte Bligodo: „Nein, sie ist keine Unbekannte. Sie ist eine Frau, die ich geheiratet habe, und mit der ich nach Hause gekommen bin."

Die Tochter aber widersprach ihm sofort und sagte, sie sei nicht würdig, ihr Ehemann zu werden, und weigerte sich, das ihr gegebene Maiskorn zu mahlen und forderte, dass die Bligodos sie auf der Stelle nach Hause gehen ließen.

Nachdem die Tochter ihre Rückkehr nach Hause gefordert hatte, hielten die Bligodos eine Versammlung ab. Dann kauften sie Stoffe, Schmucksachen und fügten Geld hinzu. Das Ganze packten sie in eine Kiste. Die Kiste war aber sehr schmutzig. In der gleichen Zeit packten sie Messer und alle gefährlichen Dinge in eine andere Kiste. Jene war sehr schön und glänzte.

Danach forderten sie die Tochter dazu auf, eine der beiden Kisten auszuwählen. Ohne Zögern wählte sie die schöne und glänzende Kiste aus und machte sie blitzschnell auf. In der Kiste sah die Tochter Messer, eine Schlange und allerlei gefährliche Dinge.

Plötzlich warfen sie die Bligodos in die Kiste hinein und machten sie zu. Nachher riefen sie den Geier, der die Kiste bis auf das Dach des Zimmers ihrer Mutter trug.

Zu jenem Zeitpunkt wachte die Mutter über ihr Dach, da sie glaubte, dass ihre Tochter den erwünschten Reichtum nach Hause bringen würde.
Als der Geier nach einer kurzen Zeit die Kiste auf ihr Dach ablegte, vergeudete sie keine Zeit. Sie griff zu einem Stock und zog die Kiste vom Dach herunter. Die Kiste öffnete sich von selbst und die Knochen ihrer Tochter fielen auf den Boden, da die gefährlichen Dinge, die in der Kiste waren, schon ihren Körper zerrissen hatten. So musste die Mutter den Rest ihrer Tage in Einsamkeit leben, bis sie vor Reue starb.

Deshalb darf man die anderen um ihren Erfolg nicht beneiden.

Warum das Rebhuhn im Gebüsch lebt

Mein Märchen fliegt hin und her und setzt sich auf einen Bauer, ein Rebhuhn und auf ein Huhn.

Einst lebten das Rebhuhn und das Huhn bei einem Bauern und wurden als die ersten Haustiere betrachtet. Und der Bauer gab ihnen jeden Tag zu fressen.
Der Bauer hatte ein Feld, das er bebaute, um seine Haustiere zu ernähren.
Aber jedes Mal, wenn er aufs Feld ging, bemerkte er, dass das ganze Feld geplündert worden war. Dabei erkannte er die Spuren der Krallen seiner Haustiere. Er konnte aber nicht genau wissen, wer von dem Rebhuhn oder von dem Huhn an der Ausplünderung schuld war.

Als er eines Tages vom Feld zurückkehrte, rief er das Rebhuhn und das Huhn zu sich und fragte sie: „Wieso plündert ihr mein Feld? Ich sehe jedes Mal, wenn ich aufs Feld gehe, die Spuren eurer Krallen."
Da erwiderte das Rebhuhn: „Damit habe ich nichts zu tun! Daran ist das Huhn schuld. Siehst du nicht, wie sein Hals immer fetter wird? Frag mal es!"
Das Huhn reagierte auch sehr heftig und sagte: „Ich bin nicht an der Plünderung schuld."
Da fing der Bauer an zu schreien, indem er sagte: „Ich werde alles daran setzen, um jenen, dem ich zu fressen gebe, und der sich noch traut, mein Feld zu plündern, zu entdecken und ihn so zu braten, dass sein Fleisch mürbe wird."

Mit jenen Worten des Bauern brach das Huhn in Tränen aus und ging in den Hühnerstall zu seinen Jungen zurück. Die Jungen trösteten es und schrien es „Xwiin, xwiin, xwiin“ als Zeichen ihrer Unterstützung an.

Bevor der Bauer an jenem Tag vom Feld zurückkehrte und den Haustieren die gleichen Fragen stellte, hatte er schon auf dem Feld eine Falle gestellt.

Da das Rebhuhn das Huhn der Plünderung des Feldes bezichtigt hatte, beschloss der Hahn, der Bräutigam des Huhns, sich darum zu bemühen, die Wahrheit heraus zu bekommen. „Ich werde in dieser Nacht nicht schlafen, um jenen, der früh aufsteht und das Feld unseres Herrn plündert, zu entdecken“, versprach der Hahn seiner Braut, dem Huhn.

Gesagt, getan! Der Hahn hat in jener Nacht tatsächlich nicht geschlafen und war auf der Hut. Tief in der Nacht hörte er die Tür des Stalls des Rebhuhns knarren. Als er sich drehte, um denjenigen, der aus dem Hühnerstall herausgekommen war, zu sehen, erblickte er das weibliche Rebhuhn, begleitet von dem männlichen, die in Richtung des Feldes gingen. Daraufhin lief er zum Zimmer des Bauern und fing an zu krähen: „O ko klo we á loooo! O ko klo we á loooo!” *(Krähen des Hahns und bedeutet, dass es das Huhn nicht ist, dass das Feld des Bauern plündert.)*

Das Krähen erweckte den Bauern und er fragte sich, was wohl in jener Nacht passiere. Der Hahn antwortete ihm aber: „Hier kannst du nicht das, was passiert, erfahren. Geh vielmehr unmittelbar auf dein Feld!“

Der Bauer, der die Warnung des Hahns erst nahm, machte sich auf. Bevor er im Feld ankam, war das männliche Rebhuhn bereits in die Falle gestürzt, die er gestellt hatte. Es fragte das weibliche, es möchte prüfen, ob seine Augen schon rot geworden seien. Aber das weibliche Rebhuhn entgegnete ihm: „Das ist nicht mein Bier. Du musst dich retten, anstatt Zeit zu vergeuden. Warte, bis der Bauer dich auf seinem Feld entdeckt. Da kannst du ihn fragen, ob deine Augen schon rot geworden sind oder nicht."
Als sie sich so untereinander stritten, tauchte der Bauer auf dem Feld auf. Auf der Stelle nahm das weibliche Rebhuhn Reißaus. Der Bauer ging etwas vorwärts und erblickte das männliche Rebhuhn, das schon in der Falle lag.
Auf der Stelle fragte er das Rebhuhn, was es auf seinem Feld machte. „Ich bin hier wegen meiner Braut", antwortete es.
„Wegen deiner Braut? Wieso wegen deiner Braut", wollte der Bauer noch wissen.
„Wir sind zusammen hierhergekommen", antwortete erneut das männliche Rebhuhn.
„Wo ist sie denn, deine Braut?", beharrte der Bauer.
„Sie ist schon weg", antwortete es weiter.
Daraufhin ergriff der Bauer einen Stock mit einem krummen und runden Knopf und gab dem Rebhuhn einen Schlag auf den Hals und jenes starb auf der Stelle. So brachte er das umgebrachte Tier nach Hause mit.

Zuhause war schon vor kurzem das weibliche Rebhuhn angekommen und hatte seine Jungen versammelt, um ihnen die traurige Nachricht zu verkünden.

„Wisst ihr, dass euer Vater von seinem heutigen Sparziergang niemals wieder nach Hause zurückkommen wird? Er ist zum Braten verdammt“, verkündete das Huhn seinen Jungen.
Kaum hatte das weibliche Rebhuhn seinen Jungen die Nachricht verkündet, tauchte der Bauer auf und gab ihm mit seinem Stock einen gewaltigen Schlag auf den Hals. Und das Rebhuhn fing an, sich mit großen und gewaltigen Flügelschlägen hin und her zu bewegen, bis es starb. Auf der Stelle liefen die jungen Rebhühner ins Gebüsch davon.

Seither leben die Rebhühner im Gebüsch und ihr Krähen wird als die Erinnerung an den tragischen Tod ihrer Vorfahren verstanden.

Eine seltsame Freundschaft

Mein Märchen springt hin und her und setzt sich auf zwei Frauen.

Jene Frauen waren schon als Kinder miteinander befreundet und wohnten im selben Dorf. Als sie erwachsen waren, vermählten sie sich auch im selben Dorf, und ihre Häuser lagen nebeneinander, so dass sie von ihrem Haus aus einander sehen konnten.
Die beiden waren auch solidarisch und halfen einander. Die eine brachte einen Sohn namens Kossi zur Welt und wurde deswegen Kossinon *(Die Mutter von Kossi)* genannt. Die andere hatte eine Tochter namens Ayaba und wurde Ayabanon *(Die Mutter von Ayaba)* genannt.
Kossinon züchtete Haustiere wie Geflügel und Ziegenböcklein.
Der Mann von Ayabanon war ein fleißiger Bauer, der Mais anbaute. Und Ayabanon holte in der Erntezeit Mais vom Feld ihres Mannes ab.
Eines Tages in der Erntezeit holte Ayabanon am frühen Morgen Maiskörner vom Feld ihres Mannes ab und streute sie auf den Boden vor ihrem Zimmer, um sie trocken zu lassen. Danach kehrte sie zu ihren Hausarbeiten zurück.

Es geschah, dass sich das Ziegenböcklein von ihrer Freundin Kossinon den Maiskörnern näherte und davon fraß, bis nur noch eine geringfügige Menge übrigblieb.
Als Ayabanon mit den Hausarbeiten abschloss und zu den Maiskörnern kam, bemerkte sie, dass das Ziegenböcklein ihrer unzertrennlichen Freundin fast alle Maiskörner auf-

gefressen hatte. Sie sagte zu sich: „Na so was! Wie kann ich denn meinem Mann diesen Zwischenfall beibringen und ihn beruhigen?“
Nach reiflicher Überlegung beschloss Ayabanon, ihrem Mann nichts davon zu erzählen. Ihrer vertrauten Freundin Kossinon aber erzählte sie vom Zwischenfall. Und sie entschuldigte sich bei ihr und fügte hinzu: „Erzähl bitte deinem Mann von dem Zwischenfall! Sollte er kein Verständnis dafür zeigen, sag mir bitte Bescheid, damit ich mich auch bei ihm entschuldige.“
„Mach dir darum keine Sorgen! Ich kann mit ihm umgehen“, beruhigte Ayabanon ihre Freundin Kossinon.

Im Dorf, wo beide Freundinnen wohnten, stand nach den gesellschaftlichen Regeln fest, dass an Neugeborenen eine Zeremonie vollzogen werden durfte. Den Regeln zufolge durfte jedem neugeborenen Mädchen ein Kettchen um den Hals gelegt werden.
Bei der Geburt jedes Bübchens durfte aber ein kleines Loch in einen feuchten Erdteil gegraben werden, um die Nabelschnur des Neugeborenen darin zu beerdigen. Danach durfte ein Wasserkrug, dessen Deckel schon zerbrochen war, an die Stelle gesetzt werden, wo die Nabelschnur vergraben wurde, um dann einen Baum darin zu pflanzen.
Und diese Zeremonie war schon an den jeweiligen Kindern beider Freundinnen, Ayaba und Kossi, vollzogen worden. Dabei hatte Ayabanon Kossinons Tochter das Kettchen, das ihr bei der Zeremonie um den Hals gelegt wurde, geschenkt. Und Kossinon ihrerseits schenkte

Ayabanons Sohns den Wasserkrug, in dem ein Bäumchen gepflanzt wurde.

Beide unzertrennliche Freundinnen lebten friedlich zusammen, bis Kossinon eines Tages ihren Sohn zu ihrer Freundin Ayabanon schickte, mit der Bitte, ein Messer auszuleihen.
Ayabanon weigerte sich aber, dem Kind das Messer auszuleihen, und sagte, sie hätte seit drei Tagen das Messer nicht wiedergefunden, sie wüsste nicht mehr, wo es sich befände.
Kaum hatte ihr das Kind den Rücken zugekehrt, erzählte sie ihrer Schwester, die sich zu jenem Zeitpunkt auf ihrer Seite befand: „Guck mal dieses Kind! Vor kurzem hat das Ziegenböcklein seiner Mutter meine Maiskörner aufgefressen. Da geschieht es, dass sie noch ihren Sohn zu mir schickt und mein Messer ausleihen will. Ich werde ihm kein Messer ausleihen.“
Dass Ayabanon sich geweigert hatte, Kossinon ein Messer auszuleihen, kränkte sie nicht, und beide lebten friedlich weiter zusammen.

Es verging inzwischen viel Zeit und schon war der Baum, der an der Stelle, wo die Nabelschnur von Kossi vergraben worden war, gewachsen. Darauf wurde Ayabanon eifersüchtig und sagte zu ihrer Freundin Kossinon: „Ich hatte dir bei der Zeremonie deines Kindes einen Wasserkrug ohne Deckel ausgeliehen. Nun will ich den Wasserkrug zurückkriegen.“

Der Baum war aber zu jenem Zeitpunkt innerhalb des Wasserkrugs gewachsen und der Wasserkrug konnte nicht mehr genommen werden, ohne dass er zerbrechen würde. Ayabanon gab nicht nach und übte Druck auf ihre Freundin Kossinon aus, bis diese zwangsläufig dem Dorfoberhaupt das Missverständnis zwischen ihr und ihrer Freundin verriet.
Das Dorfoberhaupt ließ eine Versammlung einberufen, um beide Frauen auszusöhnen. Alle Versöhnungsversuche waren aber ergebnislos.
Unverrichteter Dinge befahl das Dorfoberhaupt, den Baum, der die Geburt von Kossi symbolisierte, zu fällen. Endlich wurde der Baum gefällt und Ayabanon kam in Besitz ihres Wasserkrugs.
Darauf reagierte Kossinon nicht und sagte zu sich: „Ein Baum kann blitzschnell wachsen. Aber eine Tochter nimmt viel Zeit in Anspruch, bevor sie heranwächst. Mal sehen, was daraus wird!"

Es dauerte eine Zeit und schon war die kleine Ayaba, die Tochter von Ayabanon, ein Mädchen geworden. Kossinon entging diese Tatsache nicht.
Sie begab sich eines Tages am frühen Morgen zu ihrer Nachbarin und sagte: „Nun brauche ich, liebe Nachbarin, mein Kettchen, das ich dir bei der Zeremonie deiner Tochter geschenkt habe, und das sich gegenwärtig um ihrem Hals befindet."
Nach den Sitten durfte die Tochter das Kettchen bis zur Ehe tragen. Auf der Stelle wollte die Tochter auf Anweisung von ihrer Mutter das Kettchen loswerden und es ihrer Besitzerin geben. Aber am Kettchen befand sich

keine Stelle, wo man es aufmachen konnte. Die einzige Möglichkeit, um das Kettchen loszuwerden, war, die Tochter zu enthaupten, damit das Kettchen beim Aufmachen nicht kaputtging.

Wieder einmal wurde die Angelegenheit vor das Dorfoberhaupt gebracht. Und wieder einmal scheiterten die Verhandlungen.

Höchst ungern befahl das Dorfoberhaupt, dass Ayaba, die Tochter von Ayabanon, enthauptet wurde, damit Kossinon ihr Kettchen zurückkriegte.

Und Ayaba wurde enthauptet und das Kettchen seiner Besitzerin zurückgegeben. Und wegen ihrer Heuchelei seiner Freundin gegenüber trauerte Ayabanon tagtäglich um ihre Tochter.

Deshalb sollen die Menschen einander lieben und nicht heuchlerisch sein.

Die List des Ziegenbocks

Mein Märchen fliegt hin und her und setzt sich auf einen Löwen, einen Ziegenbock und einen Hund.

Einst lebten der Löwe, der Ziegenbock und der Hund zusammen.
Eines Tages bekam der Löwe Lust, Fleisch zu fressen. So rief er seine Freunde und machte ihnen den Vorschlag, auf die Jagd zu gehen. Auf der Stelle willigte der Hund in den Vorschlag des Löwen ein, denn er wusste, dass er schnell rennen konnte und baute darauf. Nur der Ziegenbock war zögernd und wollte zuerst beim Bokonon *(Traditioneller Priester in der Fon-Sprache in Benin)* Ratschläge einholen.

So begab er sich zu dem Bokonon, um sich nach dem Verlauf der bevorstehenden Jagd zu erkundigen.
Da warnte ihn der Bokonon: „Pass auf, es steht dir während der Jagd eine lebensgefährliche Situation bevor. Wenn du mit heiler Haut von der Jagd zurückkommen willst, sollte ich dir ein ausgetrocknetes Tierfleisch und eine Flasche Honig übergeben, damit du zeitweilig den Hunger eines Wildtiers sättigst. Ansonsten wirst du nicht lebendig von der Jagd zurückkommen."
Nach diesen Worten verschaffte der Bokonon dem Ziegenbock das ausgetrocknete Tierfleisch und die Flasche Honig, und dieser kehrte nach Hause zurück.

An dem festgesetzten Tag gingen der Löwe, der Hund und der Ziegenbock auf die Jagd. Sehr lange hatten sie gejagt, aber sie fingen kein Tier mit ihrer Falle. Unverrichteter Dinge sagte der Hund: „Nur das Tier, das nicht schnell laufen kann, kann noch gefangen und getötet werden."

Da erwiderte der Ziegenbock: „Keine Sorge! Das Tier, das nicht schnell laufen kann, kann zumindest listig sein."

Als sie weiterjagten und keine Beute fingen, sagte der Löwe: „Liebe Freunde, da wir beim Jagen keine Beute gefangen hatten, schlage ich euch vor, dass wir jetzt einander fressen."

„Zwar haben wir noch keine Beute gefangen, aber ich schlage vor, dass wir uns ein bisschen in der Hütte, die dort steht, ausruhen", schlug der Ziegenbock aus Vorsicht vor. Und alle willigten in seinen Vorschlag ein.

Als sie aber zur Hütte gingen, stürzte der Löwe auf den Ziegenbock und wollte ihn fressen. Daraufhin beruhigte ihn der Ziegenbock, indem er ein bisschen vom ausgetrockneten Fleisch, das er vom Bokonon bekommen hatte, schnitt, in die Flasche Honig hineinlegte und es dem Löwen gab.

Dem Löwen schmeckte das mit Honig eingeschmierte Fleisch sehr und er wollte mehr haben, indem er sagte: „Vielen Dank, lieber Freund Ziegenbock! Kannst du mir noch ein Stück von deinem Fleisch geben? Das schmeckt sehr gut."

Und der Ziegenbock gab ihm wieder einmal ein Stück von dem mit Honig eingeschmierten Fleisch.

Dann sagte er erneut: „Vielen Dank, lieber Freund Ziegenbock! Kannst du mir noch ein Stück von deinem Fleisch geben? Das schmeckt sehr gut."

So gab ihm der Ziegenbock das ausgetrocknete Fleisch eingelegt in die Flasche Honig, bis nichts mehr übrigblieb.

Der Löwe war aber sehr gierig und verlangte vom Ziegenbock noch mehr von dem mit Honig eingeschmierten Fleisch.

„Es ist nichts mehr übrig. Den Rest habe ich dir schon gegeben“, sagte ihm der Ziegenbock.

„Wenn kein Fleisch mehr übrigbleibt, werde ich dich selber auffressen“, drohte ihm der Löwe.

Zu jenem Zeitpunkt war der Hund in der Hütte eingeschlafen.

Da sagte der Ziegenbock: „Sieh dort, der schlafende Hund! Von seiner Haut habe ich das Fleisch abgeschnitten, das dir so gut schmeckt“.

„Wenn es so ist, geh zu dem Hund und schneide ihm nochmal ein bisschen von seiner Haut ab, damit ich es auffressen kann“, sagte der Löwe.

So ging der Ziegenbock zu dem schlafenden Hund, fasste sein intimes Köperteil und wollte es abschneiden. Aber der Hund erwachte auf der Stelle und nahm Reißaus. Und der Löwe verfolgte ihn.

Währenddessen rettete sich der Ziegenbock. Der Hund wurde von dem Löwen eingeholt und gebissen.

Da ihm das Fleisch des Hundes jedoch anders, als der Ziegenbock gesagt hatte, schmeckte, wollte er zum Ziegenbock zurückkehren und ihn auffressen. Aber dieser war schon lange davongelaufen. Und der Löwe hungerte fortan.

Stärke ist unter manchen Umständen kein Synonym von Klugheit.

Die dickköpfige Frau

Mein Märchen fliegt durch Wälder und Berge und setzt sich auf einen Mann.

Jener Mann war ein fleißiger Jäger. Er hatte eine Frau und viele Kinder und lebte in einer Gegend, in der viele Hyänen zu finden waren *(Hyänen sind in Afrika und Asien heimisch. Sie sind Raubtiere und sehen dem Hund ähnlich, mit borstiger Rückenmähne und buschigem Schwanz).*
Es trug sich zu, dass Hyänen ab und zu Menschengestalten übernahmen, Menschen täuschten und fraßen. Alle Leute, die in jener Gegend wohnten, wussten es und lebten in Angst.
Jedes Mal, wenn der Jäger auf die Jagd gehen wollte, sagte er deshalb immer zu seiner Frau: „ Kümmere dich gut um die Kinder. Wenn du nachts kochst und ich noch nicht zurückgekommen bin, setze sie früh auf das Dach, damit die Hyänen sie nicht fressen."
Die Frau war aber starrköpfig und beachtete niemals die Ratschläge ihres Manns. Sie kochte immer bis tief in die Nacht hinein, setzte die Kinder aber nicht auf das Dach.

Als sie eines Tages spät in die Nacht hinein mit ihren Kindern Maisteig kochte, tauchten Hyänen, die um das Haus auf Lauer lagen, auf. Dabei übernahm eine der Hyänen die Gestalt einer Frau und zog sich wie eine Frau an. Sie betrat das Haus des Jägers, grüßte seine Frau und fragte sie, was sie kochte. „Ich bin dabei, Maisteig zu kochen", antwortete ihr die Frau des Jägers.

„Wie kocht man das?", wollte die in eine Frau verwandelte Hyäne wissen.
„Nach einer Weile mischt man diesen Maisbrei mit ein wenig Maismehl und rührt die Mischung an", erwiderte ihr beunruhigt die Frau.
Und die Hyäne probierte das.
Auf der Stelle erinnerte sich die Frau an die Ratschläge des Jägers und sagte zu sich: „Diese Frau, die ich vor mir habe, ist kein Mensch sondern eine Hyäne." Auf der Stelle blinzelte sie all ihren Kindern zu, rief eines von ihnen und sagte: „Geh auf das Dach und bringe mir einen Spatel, womit die Hyäne den Teig rühren kann."
Und das Kind stieg auf das Dach und kam nicht mehr wieder.
Das erstaunte die in eine Frau verwandelte Hyäne und sie fragte die Frau, warum das Kind nicht mehr wiedergekommen war.
„Nicht schlimm! Ich werde ein anderes Kind schicken", antwortete die Frau.
So schickte die Frau eines nach dem anderen alle sechs Kinder auf das Dach, die alle dort geblieben und sich gerettet hatten. Es blieb nur noch die Frau selbst, die ein Bübchen auf dem Rücken trug *(In Afrika und in Benin tragen die Frauen ihre Babys auf den Rücken, indem sie sie mit einem Stoff festbinden)*.
Währenddessen hatten sich die anderen Hyänen, die draußen geblieben waren, um das Haus gesetzt und waren alle auf der Hut.
Die in eine Frau verwandelte Hyäne fragte die Frau weiter: „Wozu dient dieser Teller?"
„Daraus isst man Maisteig", antwortete ihr die Frau.

„Und wozu dient dieser Besen?“, wollte sie noch wissen.
„Damit kehrt man das Zimmer“, entgegnete ihr die Frau.
„Kehr also damit das Zimmer, damit ich sehen kann, wie es geht“, verlangte die Hyäne.
Und die Frau fing an, das Zimmer zu kehren. Plötzlich nahm ihr die in eine Frau verwandelte Hyäne den Besen ab und fing selber an, das Zimmer zu fegen. Indem sie aber das Zimmer fegte, brachte sie alles durcheinander.
Der Jäger, der Bräutigam der Frau, hatte zwei Gewehre in dem Zimmer zurückgelassen, die alle geladen waren.
Als die Hyäne die beiden Gewehre sah, fragte sie die Frau, wozu sie dienten.
„Sie gehören meinem Mann. Die benutzt er jedes Mal als Pfeife, wenn er auf die Jagd geht“, überlistete sie die Frau.
„Kannst du in eines der beiden Gewehre blasen, damit ich sehen kann, wie das funktioniert?“
Da richtete die Frau eines der Gewehre auf die in eine Frau verwandelte Hyäne und schoss auf sie. Die verwandelte Hyäne fiel auf der Stelle auf den Boden und gab den Geist auf. Als sie auf den Boden fiel und starb, wurde sie wieder zu einer Hyäne. Genau in jenem Moment betraten alle anderen Hyänen das Zimmer und sahen ihre Gesellin tot liegen. Und alle nahmen Reißaus. Vor Freude stimmte die Frau des Jägers das folgende Lied an:

„Hyäne, du wolltest, dass ich in diese Pfeife blase,
damit du sehen kannst, wie sie tönt.
Ich habe sie für dich gepfiffen,
und du bist leider deswegen gestorben.“

Nach einer Weile kam der Jäger von der Jagd zurück, und als er in das Zimmer eintrat, stieß er auf die erschossene Hyäne. Auf der Stelle wurde er unruhig und dachte, es wäre seiner dickköpfigen Frau und seinen Kindern ein Unglück passiert. Währenddessen hörte er eine Stimme, die vom Dach des Zimmers herkam und die sagte: „Wer hat das Zimmer betreten? Ist er nicht mein Mann?“
Und der Jäger antwortete ihr: „Ja, das ist dein Mann. Ich bin schon von der Jagd zurück.“
Da stieg die Frau von dem Dach hinunter und erzählte ihrem Mann alles, was während seiner Abwesenheit geschehen war.

Deshalb darf man die Ratschläge des anderen nicht in den Wind schlagen und ihnen Rechnung tragen, denn sie können vor Schwierigkeiten retten.

Ein nicht verdienter Reichtum

Mein Märchen springt hin und her und setzt sich auf einen Jäger und seine zwei Kinder.

Ein Jäger hatte zwei Kinder und sie lebten glücklich von der Jagd.
Unerwarteter Weise starb der Jäger eines Tages. Nach dem Tod ihres Vaters beschlossen die beiden Jägersöhne, sich der Jagd zu widmen. Und sie wurden bekannte Jäger.
Als einer der beiden Jägersöhne eines Tages auf die Jagd ging, erblickte er drei Gestalten namens Aziza, die vor einem Termitenhügel, der sich in der Nähe eines Baums befand, miteinander sprachen. *(Die Aziza sind Gespenster und treten in den traditionellen Märchen der Völker im Süd-Benin auf)*
Da kletterte der Jägersohn unauffällig auf den Baum.
Vom Baum her hörte er die drei Gestalten sagen: „Termitenhügel, öffne dich!" Gleich darauf öffnete sich tatsächlich der Termitenhügel und sie traten darin ein. Sie holten sich im Termitenhügel viel Geld, denn dieser war mit Geld überfüllt. Dann sagten die drei Gestalten: „Termitenhügel, schließ dich!" Und der Termitenhügel schloss sich auf der Stelle.
Der Jägersohn, der alles miterlebt hatte, merkte sich die Formeln. Dann stieg er vom Baum, auf den er sich befand, hinunter und kehrte nach Hause zurück.
Es trug sich zu, dass der Jäger bei wiederholten Malen unter denselben Baum kam, um sich zu vergewissern, an welchen Tagen die drei Gestalten sich Geld aus dem Termitenhügel holten.

Eines Tages, als die drei Gestalten abwesend waren, kam er wieder einmal unter den Baum und sagte: „Termitenhügel, öffne dich!“
Da öffnete sich der Termitenhügel und er trat darin ein und holte sich nach Belieben Geld. Und so blieb es, bis er stinkreich wurde.
Seinem Bruder fiel der plötzliche Reichtum auf. Und er fragte ihn: „Ich habe bemerkt, dass du auf einmal reich geworden bist. Woher hast du in so kurzer Zeit so viel Geld bekommen?“
Der reiche Jägersohn erzählte seinem Bruder von dem magischen Termitenhügel und warnte ihn davor, sich an irgendwelchem Tag zum Termitenhügel zu begeben, denn seine Besitzer, die drei Gestalten, könnten ihn auf frischer Tat ertappen und umbringen.
Der Jägersohn nahm aber keine Rücksicht auf die Warnung seines reichen Bruders und ging unmittelbar zum Termitenhügel.
Dort angekommen sagte er auch: „Termitenhügel, öffne dich!“ Und der Termitenhügel öffnete sich zu seiner großen Freude. Da trat er ein und holte sich viel Geld. Danach wollte er aus dem Termitenhügel heraustreten. Er hatte aber die Formel „Termitenhügel, schließe dich!“ vergessen. So blieb er da stehen, bis die drei Gestalten ihn auf frischer Tat ertappten. Auf der Stelle brachten sie ihn um und zerschnitten seinen Leichnam, den sie auf das gestohlene Geld als Zeichen ihrer Empörung ausbreiteten.

Der reiche Jägersohn, dem die Abwesenheit des verstorbenen Bruders auffiel, beschloss, sich zu dem Termitenhügel zu begeben, um ihn dort zu suchen.

Dort angekommen sah er den zerstückelten Körper seines Bruders auf dem Geldvermögen im Termitenhügel. Auf der Stelle fasste er die Körperteile zusammen, legte sie in eine Tüte hinein und ging ihn beerdigen.

Als die drei Gestalten ein anderes Mal in den Termitenhügel hineintraten und den zerstückelten Körper nicht mehr sahen, sagten sie zu sich: „Wer hat den zerstückelten Leichnam weggenommen? Dies bedeutet, dass der umgebrachte Mann nicht der einzige ist, der unser Geld stiehlt. Wir werden ab jetzt alles daran setzen, um den wahren Dieb zu entdecken."

Ab jenem Tag blieben die drei Gestalten ständig im Termitenhügel.

Eines Tages beschloss der reiche Jägersohn, erneut sich Geld aus dem Termitenhügel zu holen und glaubte, die drei Gestalten wären an jenem Tag im Termitenhügel nicht anwesend.

Als er vor dem Termitenhügel kam, sagte er: „Termitenhügel, öffne dich!" Und der Termitenhügel öffnete sich.

Kaum wollte er den Termitenhügel betreten, dass die drei Gestalten sich auf ihn losstürzten. Sie brachten ihn um, zerrissen seine Leiche und breiteten ihn auf das Geld im Termitenhügel aus.

Fleiß und Tugend führen zum wahren Glück, während unverdientes Glück das Leben aufs Spiel setzt.

Die legendäre Treue der Tiere

Mein Märchen fliegt, springt und setzt sich auf einen armen Jäger.

Dieser Jäger war sehr geschickt und seine Jagdtasche war immer voller Beute. Trotzdem war er sehr arm.
Es trug sich zu, dass er eines Tages auf die Jagd ging, und konnte sich an jenem Tag keine Beute leisten. Unverrichteter Dinge beschloss er, nach Hause zurückzukehren.
Genau in jenem Moment stieß er auf ein Rebhuhn. Da schoss er auf das Rebhuhn, das mit großen Flügelschlägen in eine Grube hinabfiel.
Der Jäger verfolgte das Rebhuhn bis zur Grube, in die es hinabgefallen war.
Als er vor jener Grube stehen blieb, erblickte er darin eine sehr große Ratte, ein Mädchen und eine Schlange.
Das Mädchen sprach den Jäger an: „Lieber Jäger, was suchst du hier?“
Und der Jäger antwortete: „Dir ist es nicht unbekannt, dass wir, Jäger, immer unterwegs auf der Suche nach unserer Beute sind. So bin ich bis hierhergekommen.“
Das Mädchen sagte weiter: „Es ist mit mir ein Unglück passiert und ich kann nicht aus dieser Grube herauskommen. Wenn du mir hilfst und mich aus dieser Grube herausbringst, werde ich dich heiraten.“
Nach dem Mädchen ergriff die große Ratte das Wort: „Jäger, wenn du mich aus dieser Grube herausholst, werde ich dich reich machen.“

Die Schlange ihrerseits kam zu Wort und sagte zum Jäger: „Jäger, wenn du mich aus dieser Grube herausbringst, werde ich dich aus einer großen Gefahr retten."
Da brachte der Jäger mit Erfolg, das Mädchen, die große Ratte und die Schlange aus der Grube heraus. Und alle folgten ihm nach Hause.

Im Haus des Jägers angekommen, heiratete ihn das Mädchen wie versprochen. Die große Ratte riet ihm, ihr zwei Dachböden errichten zu lassen. Und der Jäger ließ sie errichten.
Die Schlange ihrerseits bat den Jäger, ihr ein durchlöchertes Häuschen aufstellen zu lassen, damit sie herein- und herausrollen konnte.
Das durchlöcherte Häuschen ließ der Jäger auch aufstellen. Und sie lebten alle zusammen.
Eines Tages grub die große Ratte ein Loch, das von einem der zwei Dachböden bis zum Zimmer, in dem sich all der Reichtum des Königs der Gegend befand, führte. Dadurch wollte sie ihr Versprechen zum armen Jäger einlösen. Sie fing an, das Geld aus dem Königspalast zu stehlen und es bis zu dem Dachboden zu bringen, so dass der Dachboden mit Geld gefüllt war. Danach grub sie ein anderes Loch, das vom zweiten Dachboden bis zum Königspalast führte und fing wieder an, Geld aus dem Königspalast zu stehlen und es zu jenem Dachboden zu bringen, bis er auch mit Geld gefüllt war.
In jener Zeit konnten sich Tiere mit den Menschen unterhalten.
So ging die Ratte eines Tages auf den Jäger zu und sagte ihm: „Jäger, ich habe dich schon reich gemacht. Du

brauchst nicht mehr, auf die Jagd zu gehen. Deine Kinder auch nicht. Wenn du von nun an auf die Jagd gehst, wird das nur aus purem Vergnügen sein. Und wenn du auch Tiere erschießt, wirst du nur an deine Nachbarn das Fleisch verteilen, denn es wird dir nie wieder an Fleisch fehlen.“ Danach bat die große Ratte den Jäger, ihr zu folgen. Und der Jäger folgte ihr, bis sie sich einem der zwei Dachböden näherten. Dort sprach die große Ratte ein Wort aus und der Dachboden öffnete sich. Und beide traten herein.

Da ergriff die Ratte erneut das Wort: „Jäger, Wenn du Geld brauchst und in diesen Dachboden eintreten möchtest, sage nur: ‚Dachboden, mach dich auf! ‘ Auf der Stelle wird sich der Dachboden öffnen. Und du kannst nach Wunsch Geld vom Dachboden holen. Wenn du ‚Dachboden, schließe dich ‘ sagst, wird sich zugleich der Dachboden schließen.“

Sie beharrte darauf, dass der Jäger die beiden Formeln wiederholte, um sicher zu sein, dass er sie im Kopf behalten hatte.

Der Jäger wiederholte: „Dachboden, öffne dich! “ und „Dachboden, schließe dich! “

Kaum hatte der Jäger diese Worte ausgesprochen, hatte sich der Dachboden geöffnet und geschlossen.

Als der Jäger die Menge des Geldes im Dachboden erblickte, zitterte er an allen Gliedern vor Angst. Aber die große Ratte beruhigte ihn, er solle keine Angst haben. Und sie fügte hinzu: „Ich hatte den König um einen Teil seines Vermögens beraubt. Du sollst es niemandem verraten, sogar deiner eigenen Frau und deinen Kindern nicht.“

Der Jäger antwortete aber angsterfüllt: „Das Königsgeld? Werde ich nicht hingerichtet werden, wenn der König es erfährt? Was würde aus mir in diesem Fall?“
„Es wird dir kein Unglück passieren. Ich, die große Ratte, bin es, die es dir verspricht. Habe Vertrauen zu mir! Gib bitte all das Geld aus! Hast du meine Ratschläge verstanden?“ sagte beruhigend die große Ratte zum Jäger.
„Ich habe sie verstanden. Trotzdem habe ich immer noch Angst“, antwortete der Jäger.
„Verrat es niemand anderem!“, beharrte noch die große Ratte darauf.
Daraufhin sagten alle beide: „Dachboden, schließe dich! “ , um sicher zu sein, dass sich der Dachboden geschlossen hat. Dann nahmen sie Abschied voneinander.
Der Jäger war sehr froh, als er in sein Zimmer zurückkehrte, aber er hatte immer noch Angst.
Die große Ratte ihrerseits kehrte auf den Dachboden zurück, um sich ganz oben auf das gestohlene Geld zu setzen. Und dort brachte man ihr etwas zu fressen.

Eines Tages geriet der Jäger in Geldprobleme und zögerte wegen seiner Angst, das gestohlene Geld vom Dachboden abzuholen. Zuerst versuchte er vergebens, sich Geld von seinen Freunden zu borgen.
Als er keine andere Lösung mehr hatte, beschloss er, sich dem Dachboden zu nähern. Dort sagte er: „Dachboden, öffne dich! “ Und der Dachboden öffnete sich auf der Stelle. So holte er viel Geld heraus und sagte: „Dachboden, schließe dich! “ Und er schloss sich.
Der Jäger fing an, ein verschwenderisches Leben zu führen.

Dies erstaunte seine Frau sehr und sie fing an, sich nach den Gründen des Reichtums ihres Mannes zu erkundigen. Seine Frau war das Mädchen, das er auf der Jagd aus einer Grube herausgeholt hatte.
Genau in dem Moment, in dem die Frau nach den Gründen des Reichtums ihres Manns sich zu erkundigen anfing, nahm der Jäger eine zweite Frau hinzu, denn er war nun reich und strotzte vor Ehrgeiz.

Als der Jäger eine zweite Frau hinzunahm, wurde die erste Frau sehr eifersüchtig und dachte bei sich: „Ich war die einzige Frau des Jägers. Aber wegen seines Reichtums hat er jetzt eine andere Frau hinzugenommen. Woher kommt all sein Geld? Wird er von einem Gespenst reich beschenkt?"
Als sich der Jäger und seine eifersüchtige Frau eines Tages in der Nacht ins Bett legten und einschliefen, erwachte die Frau und sagte zu ihrem Mann: „Lieber Mann, ich möchte dich etwas fragen. Woher hast du all dein Geld? Sei bitte aufrichtig mit deiner Antwort!"
„Mach bitte keine Anspielung mehr auf meinen Reichtum! Du weißt, wie ich mich jeden Tag anstrenge, aus der Armut zu kommen", antwortete der Jäger.
Unverrichteter Dinge zog die Frau in jener Nacht die Decke zu sich und schlief ein.
Es trug sich zu, dass sich das Ehepaar wieder in einer Nacht ins Bett legte. Dabei wollte der Jäger mit ihr schlafen. Aber die Frau verweigerte sich und verlangte vom Jäger, dass er ihr zuerst von dem Grund seines Reichtums erzählte.

In der folgenden Nacht ging der Jäger zur zweiten Frau und wollte auch mit ihr schlafen. Dabei bekam er, wie bei der ersten Frau, eine Absage, da beide Frauen sich vorher insgeheim darüber geeinigt hatten, ihre Aufgabe als Frauen ihrem Mann gegenüber nicht mehr zu erfüllen, es sei denn, jener entschloss sich, ihnen von der Quelle seines Reichtums zu erzählen.

Nach dem Verweigern seiner zweiten Frau, kehrte zwangsläufig der Jäger in jener Nacht zu seiner ersten Frau zurück, und dachte, es wäre besser, dass er ihr das Geheimnis um seinen Reichtum verriet.

„Erinnerst du dich noch an die Grube, in der ich dich, eine große Ratte und eine Schlange aufgefunden habe? An jener Stelle hatte mir jeder von euch ein Versprechen gemacht, für den Fall, dass ich ihn aus der Grube herausholen kann, oder?“, fragte der Jäger seine erste Frau.

„Allerdings!“, antwortete die Frau.

„Was hatte mir dann jeder von euch versprochen?“, fragte der Jäger weiter.

„Ich hatte versprochen, dich zu heiraten, wenn du mich aus der Grube herausholst. Die große Ratte und die Schlange hatten dir Reichtum und Rettung versprochen“, sagte die Frau weiter.

„Gut! Hast du mich nicht wie versprochen geheiratet?“, fragte erneut der Jäger.

„Ja“, antwortete die Frau.

„Dementsprechend hat mich die große Ratte reich gemacht“, offenbarte der Jäger seiner ersten Frau.

„Es bleibt nur die Schlange, die ihr Versprechen noch nicht eingelöst hat“, fügte er hinzu.

Auf der Stelle lobte die Frau die große Ratte, die ihr Versprechen zum Jäger gehalten hatte.

Den Tag darauf erzählte die erste Frau ihrer Nachbarin nicht mehr von dem Geheimnis und ging unmittelbar beim vollen Sonnenschein zum König. Dort angekommen, verriet sie ihm das Geheimnis: Wie ihr Mann, der Jäger, sein verlorenes Geld gestohlen hatte. Hinzu fügte sie, dass ihr Mann selbst das Geld nicht gestohlen hätte, sondern eine große Ratte, die er zu Hause züchtete.
Das erstaunte den König sehr und er fragte sich: „Eine große Ratte, die Geld stiehlt? Das klingt einfach blöd! Sag vielmehr, dass dein Mann mein Geld gestohlen hat! Sowieso bin ich damit zufrieden, dass du mir es schon verraten hast. Jetzt kannst du nach Hause zurückkehren."

Seitdem der Jäger seiner Frau vom Geheimnis erzählt hatte, spionierte er seine beiden Frauen aus, denn er fürchtete, dass sie das Geheimnis lüfteten. Er hatte an jenem Tag die kurze Abwesenheit seiner ersten Frau bemerkt.
Nach Hause zurückgekehrt, tat die Frau so, als ob sie nirgendwohin gegangen wäre. Da fragte sie der Jäger, wo sie war.
„Ich war nur zum Kaufen von Pfeffer und Salz gegangen", antwortete sie dem Jäger.
Der Jäger glaubte ihr aufs Wort und sagte: „Na prima! Ich will nicht, dass du irgendwo mein Geheimnis verrätst, klar?"
„Klar", wiederholte die Frau.

Nach einer Weile begann sich das Gerücht zu verbreiten, dass der Jäger das Königsgeld gestohlen hatte und dadurch reich geworden war.

Zuerst wollte der König den Jäger zu sich rufen lassen. Er verzichtete aber darauf und dachte, der Jäger könnte davonlaufen. Er befahl dann seinen Dienern, dass sie ihn in seinem Haus ertappten.

So wurde der Jäger erwischt und des Diebstahls des Königsgeldes bezichtigt.

Dagegen verteidigte sich der Jäger, er habe kein Geld gestohlen.

In diesem Augenblick offenbarte der König: „Jäger, du hast mein Geld gestohlen. Die Stelle, an der du das Geld versteckt hältst, ist mir bekannt. Du hast zwei Dachböden in deinem Haus, die nach unseren Sitten nur Könige besitzen dürfen, errichten lassen. In ihnen hast du das Geld versteckt. Du hast nicht selber das Geld gestohlen, sondern eine große Ratte, die in deinem Haus wohnt."

Der Jäger war dermaßen erstaunt, dass er sich fragte: „Wo kommt all dies her? Niemand anderem als meiner Frau habe ich jedoch dieses Geheimnis verraten!"

Der König sagte mit einer bedrohlichen Stimme weiter: „Jäger, wenn du nicht mein Geldvermögen zurückbringst, das du mir geraubt hast, wirst du umgebracht werden."

Der Jäger beharrte, er habe kein Geld gestohlen.

Der König ließ die Frau des Jägers zu sich rufen, um die Aussagen ihres Manns zu widersprechen.

Als sie ankam, redete der König sie an: „Liebe Frau, herzlich willkommen! Erzähl mal deinem Mann, was du mir vorher preisgegeben hast!"

Kaum hatte die Frau den Mund aufgetan, begann ihre Stimme zu zittern.
Aber alle Anwesenden beruhigten sie, keine Angst zu haben, es würde ihr kein Unglück passieren.
So erzählte ihnen die Frau, wie die große Ratte dem König sein Geld geraubt, es in zwei Dachböden versteckt und es dem Jäger zur Verfügung gestellt habe.
Der Jäger sah den König und seine Diener an und gestand ein, dass er eines Tages während der Jagd auf ein Mädchen, eine große Ratte und eine Schlange gestoßen war. Dabei hatte ihm das Mädchen das Versprechen gemacht, ihn zu heiraten. Die anderen zwei hatten ihm Reichtum und Rettung aus einer Gefahr versprochen. Das Mädchen habe ihn wie versprochen geheiratet. Die große Ratte habe ihn reich gemacht. Er erwarte immer noch das Einlösen des Versprechens der Schlange. Er habe das Geld des Königs nicht gestohlen. Es sei die große Ratte gewesen, die sich getraut hatte, dem König sein Geld zu rauben.
Daraufhin fragte ihn der König, wo sich das Geld denn befinde.
„Ich habe es schon ausgegeben. Es bleibt nichts übrig“, erwiderte der Jäger.
„Wieso? Du hast schon die große Summe, die du mir aus meinem Schatz entwendet hast, ausgegeben?“ sagte voller Zorn der König.
Auf der Stelle befahl der König, dem Jäger den Kopf abzuschlagen.
„Bevor man mir den Kopf abschlägt, bitte ich, Seine Majestät, um eine Gunst“, rief der Jäger aus.
„Welche denn?“, wollte der König wissen.

„Ich möchte, dass Seine Majestät mir erlaubt, nach Hause zurückzugehen, bevor man mich hinrichtet. Einige Hofdiener können mich begleiten“, deutete der Jäger an.
Der König aber erwiderte: „Das kommt nicht in Frage! Du bleibst hier und man enthauptet dich sofort.“
Der Jäger ließ nicht locker, bis Seine Majestät seiner Bitte nachgab. Der König ließ ihn von einigen Hofleuten begleiten und er machte sich auf den Weg nach Hause.
Unterwegs traf der Jäger auf die Schlange, und die Schlange berührte seine Hand, ohne dass seine Begleiter es bemerkt hatten.
Als sich der Jäger und die Schlange zwei Meter von den Begleitern entfernt hatten, zeigte ihm die Schlange ein Blatt. Dann gab sie ihm die folgenden Anweisungen: „Wenn man dich enthaupten will, wird man das Messer einmal, zweimal, dreimal bis siebenmal die Erde berühren lassen, bevor man dich umbringt. Aber bevor man einmal und zweimal das Messer die Erde berühren lässt, werde ich plötzlich auftauchen und die schöne Tochter des Königs ins Bein beißen. Da werden alle Leute schreien: ‚Unsere Prinzessin ist von einer Schlange gebissen worden! Unsere Prinzessin ist von einer Schlange gebissen worden! ‘ Sag ihnen nichts und bleib schweigsam! Alle werden später zu dir kommen und sich nach dem Blatt, das die Prinzessin heilen kann, erkundigen. Geh also unmittelbar dieses Blatt holen, dann bespucke und träufle es in die Wunde der Prinzessin! Auf der Stelle wird ihre Wunde heilen.“
„Alles klar“, antwortete überglücklich der Jäger.
Daraufhin ging die Schlange in ihr Versteck zurück. Der Jäger kehrte danach zum Königshof zurück.

Kaum angekommen, wurde der Jäger festgebunden, um enthauptet zu werden. Es wurde Migan, den Ausführer der Königsbefehle, gebeten, den Jäger zu enthaupten.
Zuerst wurde dem Jäger Wasser zum Trinken gegeben. Dann fing Migan an, das Messer die Erde und dann die Kehle des Jägers berühren zu lassen. Beim zweiten Mal aber tauchte plötzlich die Schlange aus ihrem Versteck auf, biss die Tochter des Königs ins Bein und verschwand bald darauf. Die Königstochter verlor auf der Stelle die Besinnung und fiel auf den Boden.
Da fingen alle Anwesenden an zu schreien: „Unsere Prinzessin ist von einer Schlange gebissen worden! Unsere Prinzessin ist von einer Schlange gebissen worden!"
Alle Versuche des Königs, seine Tochter durch seine magische Kraft zu heilen, waren ergebnislos. Die Tochter war in Lebensgefahr, denn sie atmete nur noch sehr schwer.
Plötzlich sagte jemand aus der Menge zum König: „Lass mal den Jäger losbinden! Lass mal den Jäger losbinden! Jäger besitzen oft Heilkraft."
Der König stimmte dem Vorschlag zu und sagte: „Das stimmt! Die Jäger haben öfters Kontakt mit dem Gebüsch und somit mit Blättern. Kann sein, dass dieser Jäger die Heilkraft von Blättern kennt. Binde ihn also los!"
Und der Jäger wurde losgebunden.
Der Jäger, der alles mitgehört hatte, antwortete auf bescheidene Weise dem König: „Mal probieren, denn ich bin in diesem Bereich nur ein unerfahrener Kerl!", und fügte hinzu: „Vor allen Dingen möchte ich nach Hause zurückkehren. Die Hofdiener könnten mir aus Sicherheitsgründen folgen, wenn Seine Majestät es für gut hält."

„Ich verlasse mich auf dich. Du wirst nicht fliehen. Bring mal alles, was du willst, mit. Die Hauptsache ist, dass meine Tochter wieder gesund wird“, betonte der König.
So ging der Jäger unmittelbar zum Blatt, das die Schlange ihm gezeigt hatte, holte ein Stück davon und kehrte auf den Königshof zurück. Dort angekommen, bespuckte er das Blatt und träufelte es ein bisschen in die Wunde der Prinzessin. Und die Prinzessin kam wieder zu sich. Ihre Wunde wurde geheilt und die Narben waren alle verschwunden. Und sie verlangte auf der Stelle, dass man ihr etwas zu essen brachte.
Der König traute kaum seinen Augen und glaubte, dass er träumte.
Auf der Stelle befahl er: „Befreit sofort den Jäger. Ihm verdankt meine Tochter das Leben. Er ist ein guter Kerl.“
Dem Jäger überließ der König das gestohlene Geld und teilte sogar mit ihm die Hälfte seines Reichtums.
Der Jäger zeigte sich dankbar und wollte aber an seiner geschwätzigen Frau Rache nehmen.
„Haben Sie herzlichen Dank, Seine Majestät, für Ihre Gabe! Ich hatte etwas vergessen. Bevor ihre Tochter endgültig von ihrer Krankheit geheilt wird, müssen Sie zuerst einer Lügnerin den Kopf abschlagen“, sagte der Jäger.
Und der König antwortete: „Auch das noch! Wo kann ich denn den Kopf einer Lügnerin finden?“
Der Jäger erwiderte ihm: „Eine Lügnerin haben wir hier schon. Wir brauchen nicht mehr lange zu suchen.“
„Von wem sprichst du eigentlich?“; fragte der König neugierig.
„Meine Frau ist hier. Sie ist die Lügnerin“, deutete der Jäger an.

So wurde die Frau wegen ihrer Schwatzhaftigkeit enthauptet.

Deshalb darf man den Frauen wegen ihrer Schwatzhaftigkeit nicht alle Geheimnisse verraten.

Wie die Frauen ihre Busen bekamen

Mein Märchen springt hin und her und setzt sich auf ein Gespenst, das weder Kopf noch Arme und Füße hat, das Dobligodo genannt wird.

In einer entfernten Gegend lebte ein sehr armer Mann, der drei Töchter hatte.
Als die drei Töchter zu Mädchen gewachsen waren, rief der arme Mann sie zu sich und sagte: „Meine drei Töchter, ihr seid jetzt zu Mädchen gewachsen und seid heiratsfähig. Wollt ihr jetzt nicht heiraten?“
Da antwortete ihm die älteste Tochter: „Lieber Vater, ich habe schon einen Freund.“
„Was für einen Freund hast du? Du weißt, dass wir, deine Eltern, sehr arm sind. Ist dein Freund fähig, für uns zu sorgen?“, wollte der Vater wissen.
„Lieber Vater, ich lege keinen Wert auf die finanzielle Lage meines Freundes. Hauptsache ist, dass er mich gut ernährt und wir Nachwuchs zeugen“, entgegnete ihm die Tochter.
Die zweite Tochter aber sagte: „Mein Mann soll arbeiten und ich auch. Er soll nicht unbedingt reich sein. Hauptsache ist, dass wir uns um unsere Kinder und auch um unsere Eltern kümmern können.“
Da sagte die jüngere Tochter: „ Lieber Vater, ich werde nicht irgendeinen Mann heiraten. Mein Mann soll zu wundervollen Taten fähig sein.“

In jener Zeit lebte in der Gegend ein Gespenst, das Dobligodo hieß und das auf der Suche nach einer Frau war,

denn es wollte auch Nachwuchs haben. „Wie kann es mir gelingen, eine Frau unter den Menschen zu finden?“, fragte sich ständig das Gespenst Dobligodo.
Es fiel ihm ein, dass die Schildkröte ein kompetenter Wahrsager war. Daraufhin begab es sich zu ihr und ließ sich von ihr beraten.
Da einst Menschen und Tiere auf demselben Markt einkaufen gingen und sogar miteinander sprechen können, sagte die Schildkröte Dobligodo: „Wenn du eine Frau heiraten möchtest, sollst du häufig auf den Markt gehen. Dort kannst du dich mit Tieren wie dem Hund, der Otter und der Antilope befreunden. So kannst du ihre Körperglieder ausleihen und sie überziehen und auf diesen Markt mit einkaufen. Erst dadurch kannst du eine Frau finden.“
Dobligodo befolgte die Ratschläge der Schildkröte, befreundete sich mit vielen Tieren an und lieh ihre Körperteile aus. Es lieh sich jedes Mal, wenn es auf den Markt gehen wollte, das Maul des Hundes, den Pelz der Antilope und das Spuckorgan der Otter, aus.
Als es eines Tages auf den Markt ging und einkaufte, erblickte es die jüngere Tochter, die einen zu wundervollen Taten fähigen Mann heiraten möchte. Die Tochter gefiel ihm sehr und es spuckte plötzlich von der Ferne auf sie. Die Spucke landete an der linken Brust der Tochter.
Und diese sagte: „Na so was! Wer hat eben auf meine Brust gespuckt?“
„Welcher Mensch kann mit solch einer Treffsicherheit an die Warze der Brust einer Frau spucken? Es wird dir sicherlich etwas Glückliches passieren“, antworteten ihr scherzhaft alle Menschen und Tiere, die mit einkauften.

„Könnte ich nur dieses Wesen kennenlernen, so würde ich es heiraten“, ließ die Tochter erkennen.
Kaum hatte sie dieses Wort ausgesprochen, trat Dobligodo vor ihr auf und sagte ihr: „Ich bin jener, der an die Warze deiner Brust gespuckt hatte.“
Die Tochter glaubte ihm nicht aufs Wort und dachte, Dobligodo wäre zu jenem Handeln nicht fähig. Dobligodo bestand aber darauf, es habe das gemacht und schlug ihr vor, es zu wiederholen.
Daraufhin trat Dobligodo nach hinten und spuckte nochmals mit derselben Treffsicherheit auf die Warze der rechten Brust der Tochter. Da ging die Tochter zu ihm, umarmte es und sandte ihren Eltern die Botschaft, dass sie schon ihren gewünschten Mann gefunden und geheiratet habe und ab jenem Tag bei ihm wohnen würde. Sie würde ihn später nach Hause bringen, damit sie einander kennenlernten.
Alle Versuche aller Anwesenden auf dem Markt, die Tochter davon zu überzeugen, zuerst nach Hause zurückzugehen, waren auf Ablehnung gestoßen.

Als die Nacht einbrach, machte sich das neue Ehepaar zu Dobligodo auf.
Sie marschierten sehr lange. Jedes Mal, wenn sie auf eine andere Richtung biegen wollten, stießen sie auf Tiere, die weder Maul und Arme noch Füße besaßen.
So sagte der Hund zu Dobligodo: „Du, du bist seit langem ausgegangen und hast mir nicht mein Körperglied zurückgebracht.“
Und Dobligodo gab ihm das ausgeliehene Maul zurück.
Etwas ferner stießen sie noch auf die Otter.

Als die Tochter sie erblickte, bekam sie Angst und wollte davonlaufen. Aber Dobligodo beruhigte sie und gab das Spuckorgan des Reptils zurück.
Etwas später stießen sie auf die Antilope. Auch ihr übergab Dobligodo die Füße und fing an, vor der Tochter zu kriechen. Es wollte aber nicht weiter kriechen und bat die Tochter, es auf ihrer Seite zu tragen. Die Tochter überkam eine Angst, weigerte sich aber nicht, Dobligodo zu tragen. Nach einer kurzen Weile betraten sie ein Haus. In jenem Haus sah die Tochter mehrere andere junge Dobligodos, die hin und her im Haus krochen.
Als die jungen Dobligodos die Tochter sahen, freuten sie sich über die Maßen und dachten, ihr Vater habe eine Frau geheiratet und sie nach Hause gebracht. Die Tochter begnügte sich mit ihrem Schicksal und pflegte jeden Tag die kleinen Kinder von Dobligodo mit Maisbrei zu ernähren. Und alle betrachteten sie als ihre Mutter. So lebten sie lange zusammen.

Der Vater wurde wegen der langen Abwesenheit seiner Tochter sehr unruhig und beschloss deswegen, den König darüber zu informieren.
Daraufhin ließ der König eine Versammlung einberufen. Er beauftragte die Jäger seiner Gegend, die vermisste Tochter des armen Mannes überall zu suchen und zu finden, und fügte hinzu: „Ich werde jenen der Jäger belohnen, der die Tochter wiederfinden und sie nach Hause zurückbringen wird."
Sehr lange suchten die Jäger die vermisste Tochter, aber ihre Suche war ergebnislos.

Auf dem langen Weg, der zum Haus von Dobligodo führte, gab es aber eine Quelle, woraus die Tochter, indem sie sang, Wasser abholte.
Eines Tages, als sie Wasser holen wollte, stimmte sie wieder an:

Suche und finde mich!
Suche und finde mich,
Da geschieht es,
dass ich gesucht
und wiedergefunden werde.
Mein Onkel mütterlicherseits hat mich gesucht
und wiedergefunden.
Bis an den Tagesanbruch,
wird meine Mutter mich sehen,
bis an den Tagesbruch,
wird der König mich sehen.
Suche und finde mich,
suche und finde mich,
mein Onkel mütterlicherseits
hat mich gesucht und wiedergefunden.

Der Onkel der Tochter, ein Jäger, der sich zu jenem Zeitpunkt nicht weit von der Quelle befand, hatte das Lied mit angehört und die Tochter bis zum Haus verfolgt. Danach war er zum König zurückgekehrt, um es ihm zu verraten.
„Kannst du sie nicht zu mir bringen?“, fragte ihn der König.
Der Jäger bejahte ihn.

Dobligodo, der Mann der vermissten Tochter, hatte aber einen sehr vertrauten Freund, der Mamaleuleu hieß.
(Mamaleuleu ist auf der Fon-Sprache im Süd-Benin eine Art Wildtier, das für seine vielen großen Zitzen an der Brust bekannt ist.)
Da dem Dobligodo die Absicht des Königs bekannt war, ging es zu Mamaleuleu und bat ihn, seine Frau vor jeglicher Gefahr zu beschützen.
Als die Tochter ein anderes Mal an die Quelle zum Wasserholen ging und dasselbe Lied anstimmte, wurde sie auf der Stelle von einer Schar Jägern angegriffen, die sie fangen wollten.
Zu jenem Zeitpunkt trat das Tier Mamaleuleu aus dem Gebüsch und stürzte sich auf die Jäger los. Sie liefen auf der Stelle vor Angst davon, gingen zum König zurück und erzählten ihm vom seltsamen Tier Mamaleuleu, dessen Zitzen, indem es rannte, einen Rhythmus hervorbrachte und das ganze Gebüsch in Bewegung setzte.
„Was für ein Tier kann das wohl sein? Ich stelle mir vor, was böse Zungen sagen würden, wenn kein Mensch in meinem Königreich diese Tochter holen kann. Wenn kein Jäger im Königreich die Tochter zurückbringen kann, werde ich sie alle enthaupten“, sagte drohend der König zu den Jägern.
Da entschloss sich der Onkel der Tochter, den sie in ihrem Lied erwähnt hatte und der auch Jäger war, um jeden Preis die Tochter zu befreien.
Er holte sich einen Giftpfeil, ging an die Quelle und versteckte sich auf einem Baum nicht weit davon.

Als die Tochter an dem dritten Tag zum Wasserholen an die Quelle wiederkam, ließ sie sich von Mamaleuleu begleiten.
Als der Onkel das Tier erblickte, griff er zu seinem Giftpfeil und schoss das Tier ab. Und jenes wurde am Hals getroffen und fing an, sich in hinkender Weise vorwärtszubewegen. Der Onkel schoss erneut auf das Tier und es fiel auf den Boden. Danach kam er aus seinem Versteck und sprach über das Tier Zauberworte aus, um sicher zu sein, dass er es tatsächlich erschossen hatte.
Die Tochter, die die Szene miterlebt hatte, wollte davonlaufen. Aber der Jäger riet ihr ab, indem er sagte: „Der König hat mich beauftragt, dich zu ihm zu bringen. Sollst du davonlaufen, so werde ich dich abschießen."
„Zu wem willst du mich bringen?", wollte die Tochter wissen.
„Zu deinem Vater, der in diesem Augenblick beim König ist", antwortete ihr der Jäger.
Und die Tochter akzeptierte endlich, dem Jäger zu folgen.
Der Jäger wollte das abgeschossene Mamaleuleu auch mitnehmen. Aber wegen seiner Schwere verzichtete er darauf und brachte die Tochter allein zum König.
Dort angekommen, bat er den König um Hilfe, damit er das abgeschossene Tier abholen könne.
So ließ ihn der König von mehreren anderen Jägern an die Quelle begleiten, um das schwere Tier abzuholen. Und sie brachten es nach Hause zurück.
Der König war so zufrieden, dass es im Königspalast einundvierzigmal zum Zeichen seiner Zufriedenheit und auch zu Ehre des Jägers in die Luft gefeuert wurde. Und

der Jäger wurde zum Oberhaupt der Jägerzunft ernannt und durfte von da an im Königspalast wohnen.
Danach ließ der König alle seine Untertanen zu sich rufen und verteilte ihnen das Fleisch des umgebrachten Tieres.
Als die Frau des Königreichs die langen Zitzen des abgeschossenen Mamaleuleu sahen, wollten sie unbedingt die Zitzen zum Essen bekommen. Und der König gab sie ihnen.
Als die Frauen die langen Zitzen des Tieres gekocht und gegessen hatten, wuchsen ihre Busen.

Seitdem ist die Brust der Frauen größer als die der Männer geworden, weil diese die Zitzen von Mamaleuleu gegessen haben.

Das Gespenst Aziza und die beiden Zwillinge

Mein Märchen fliegt durch Wälder und setzt sich auf zwei Zwillinge.

Es war einmal zwei Zwillinge, der eine hieß Zinsou und der andere Sagbo. Ihr Vater war gestorben, als sie zur Welt gebracht wurden. Und sie wurden ihrem Onkel anvertraut, damit dieser für sie sorgen konnte, denn er war es, dem das Erbe des Verstorbenen gegeben wurde. Er misshandelte aber die beiden Zwillinge, bis diese beschlossen, von nun an in einem großen Wald zu leben.
Im großen Wald hatten beide Zwillingsbrüder eine Hütte errichten lassen und waren die einzigen Bewohner des Waldes. Und sie lebten vom Ackerbau.
Sagbo war temperamentlos, Zinsou aber temperamentvoll.

Eines Tages ging Sagbo aufs Feld im Wald arbeiten und war nach harten Feldarbeiten ganz erschöpft. Da fasste er den Entschluss, auf einen auf dem Feld befindlichen Baum zu steigen, um sich dort ein bisschen auszuruhen. Einmal auf den Baum hinaufgeklettert, machte er sich Gedanken über das kümmerliche Leben, das sein Bruder und er in dem Wald führten.
Plötzlich vernahm er eine Stimme, die vom nahe gelegenen Gebüsch herkam. Und die Stimme wurde immer lauter. Er sah sich um, aber er erblickte nichts.
Nach einer langen Weile erblickte er Rauch, der vom Gebüsch herkam. Auf der Stelle stieg er den Baum hinunter

und machte sich auf die Suche nach der Quelle des Rauchs.
Sehr lange suchte er sie, bis er auf ein riesiges Gespenst namens Aziza stieß. Das war ein langhaariges Gespenst, dessen Gesicht wegen seines Haares kaum zu sehen war. Es saß auf einem Sessel, der seinen Reichtum darstellte. Kaum hegte jenes Gespenst einen Wunsch, so ging er augenblicklich dank der magischen Kraft des Sessels in Erfüllung.
Sagbo hatte sich hinter einem Baum versteckt und betrachtete das Gespenst, das Zaubersprüche aussprach:
„Agbéti, agbéti tchêtchê gbo! Ama mon Towé ta a o, ana mon anon wé ta. Alotolo adrokpo non fan do bo non ba pko á."
Wer den Kopf seines Vaters nicht findet, wird zumindest den Kopf seiner Mutter finden. Keine Eidechse kann eine Mauer fehlspringen (Zauberwort).
Nach den Zaubersprüchen wünschte sich das Gespenst ein gebratenes Huhn.
Kaum hatte das Gespenst diese Zaubersprüche ausgesprochen und mit seiner Hand auf den Sessel geschlagen, war sein Wunsch schon in Erfüllung gegangen.
Das erstaunte Sagbo sehr und er traute seinen Augen kaum.
Das Gespenst hatte aber eine Hütte, die in der Nähe lag, in der es sich ausruhte. Jedes Mal, wenn es Hunger verspürte. So ging es in die Hütte.

Daraufhin lief Sagbo zu seinem Bruder Zinsou und erzählte ihm, was er erlebt hatte. Dabei beruhigte er seinen Bruder, sie würden bald nimmer mehr in Armut leben.

Als er wieder an den Ort kam, an dem er das langhaarige Gespenst namens Aziza gesehen hatte, war jenes schon aus seiner Hütte herausgekommen und hatte sich wieder auf seinen magischen Sessel gesetzt. Da rief es aus: „Reis, wo bist du? Fleisch, wo bist du?"

Kaum hatte das Gespenst diese Wünsche gehegt, erschienen vor ihm Reis und Fleisch. Und es fing an, sie zu fressen.

Das Gespenst konnte aber wegen seiner langen Haare nicht nach vorne blicken, es sei denn es schöbe sie von dem Gesicht.

Dessen bewusst holte sich Sagbo eine Tüte und näherte sich ihm.

Wenn das Gespenst das Essen in den Mund nahm, nahm Sagbo es auch in seine Tüte, bis kein Essen mehr übrigblieb. Danach kehrte er nach Hause zurück.

Im Hause angekommen fragte ihn sein Bruder Zinsou: „Sagbo, wo warst du? Ich habe dich schon vergebens gesucht und mache mir Sorgen um dich."

Sagbo beruhigte seinen Zwillingsbruder, indem er sagte: „Wir werden nicht so kümmerlich weiterleben. Heute ist das Ende unseres Leides."

Indem Sagbo so sprach, zeigte er seinem Bruder eine Tüte voll Reis und Fleisch. Das erfreute Zinsou sehr und er sprach: „Ich hatte schon Hunger und wusste nicht, was ich essen soll. Du hast mir eben das Hungern erspart."

Und Sagbo antwortete ihm: „Iss mal diesen Reis mit Fleisch, lieber Bruder." Und Zinsou aß sich satt.

Als Sagbo den Tag darauf nochmal zum Gespenst gehen wollte, bestand Zinsou darauf, ihn zu begleiten.

„Nein, du kannst mir nicht folgen. Du bist unvorsichtig und könntest vom Gespenst entdeckt werden", entgegnete ihm Sagbo. So ging er allein zum Gespenst wieder.
Vor dem magischen Sessel des Gespenstes war aber eine Grube zu finden, in der Feuer brannte.
Dort angekommen sah er das Gespenst auf dem magischen Sessel sitzen, ruhig und still. Und es blieb so bis zum Nachmittag. Da hatte Sagbo Hunger und wusste nicht mehr, was er machen soll.
Kaum war er in Verzweiflung geraten, stieß das Gespenst einen Schrei aus: „Nyonmilin, wo bist du?" *(Nyonmilin ist gekochte Bohne mit rotem Palmenöl, die mit Maismehl gemischt wird.)*
Kaum hatte das Gespenst dieses Wort ausgesprochen, erschien vor ihm die genannte Speise. Dann fing es an, die Speise zu essen. Wenn das Gespenst ein Stück von der Speise in den Mund nahm, nahm Sagbo auch ein Stück in seine Tüte, bis die Speise aufgegessen war. Gleich danach kehrte er nach Haus zurück und gab Zinsou zum Essen.
Als Sagbo zum dritten Mal zum Gespenst gehen wollte, verlangte Zinsou erneut, ihn zu begleiten, indem er ihm sagte: „Ich will diesmal mit dir zum Gespenst gehen. Ansonsten bleibe ich nur zuhause und faulenze. Und du verwöhnst mich mit Essen. Ich will heute auch dasselbe Risiko wie du eingehen."
Sagbo entgegnete ihm aber: „Mein lieber Bruder, du bist ein unvorsichtiger Mann und könntest die Aufmerksamkeit des Gespenstes auf dich ziehen. Ich will nicht, dass du dein Leben aufs Spiel setzt, denn das Gespenst treibt böse Künste. Bleib nur hier und wenn es mir gelingt, das

Essen des Gespenstes zu stehlen, so wird es dir auch an Essen nicht fehlen."

Zinsou ließ aber nicht locker, bis Sagbo seiner Bitte nachgab.

Bevor sie zum Gespenst gingen, warnte Sagbo seinen unvorsichtigen Bruder, vor dem Gespenst schweigsam zu bleiben, damit sie nicht von ihm aufgefressen werden. Dann erzählte er ihm, dass das Gespenst langhaarig war und deshalb nicht nach vorne blicken konnte und dass es einen magischen Sessel besaß, der seine Wünsche nach Essen erfüllte.

Zinsou versprach ihm, seine Ratschläge zu befolgen, indem er sagte: „Mach dir keine Sorgen mehr! Ich werde vor dem Gespenst alle deine Ratschläge beachten und kein Wort aussprechen."

„Ich kenne dich ganz gut. Du wirst meine Ratschläge nicht beachten", sagte zweifelhaft Sagbo.

Als sie vor dem Gespenst ankamen, schrie jenes: „Amiwo, wo bist du?" *(Amiwo ist ein Maisteig, der mit einem roten Palmenöl zubereitet wird).*

Kaum hatte es dieses Wort ausgesprochen, dass roter Maisteig mit Hühnerfleisch vor ihm auftrat und es fing an, die Speise zu fressen.

Wenn das Gespenst ein Stück von der Speise aß, nahm Sagbo auch ein Stück und gab es seinem Bruder weiter, und er aß es auch.

Zinsou war aber sehr gierig und fing an, selbst mit dem Gespenst zu essen.

Indem er mit dem Gespenst aß, berührte er aus Versehen dessen Hand.

Auf der Stelle schrie das Gespenst: „Magischer Sessel, binde den Mann fest, der meine Hand gerade berührt hat!“ Kaum hatte es dieses Wort ausgesprochen, kam ein Seil vom Gebüsch her und band Zinsou fest.
In jenem Augenblick war Sagbo schon davongelaufen und hatte sich im Gebüsch versteckt.
Da sagte das Gespenst weiter: „Bring ihn mir bis vor diese Grube!“
Gesagt, getan! Zinsou wurde vor die Grube geführt, in der ein weißglühendes Feuer brannte.
„Wie heißt du?“, fragte das Gespenst Zinsou.
„Ich heiße Zinsou“, antwortete er.
„Was suchst du hier?“, wollte das Gespenst wissen.
„Ich war dabei, auf dem Feld zu arbeiten. Ich hatte Hunger und hatte mich in der Suche nach Essen aufgemacht. So habe ich Sie beim Essen erblickt und mich genähert, um ein bisschen davon mitzuessen“, antwortete angsterfüllt Zinsou.
„Du wirst hier sieben Tage bleiben. An dem siebten Tag werde ich dich braten und fressen“, sagte das Gespenst weiter.

Seitdem Zinsou festgebunden wurde, aß sein Bruder Sagbo nicht mehr. Er hatte sich in einem Gebüsch nicht weit von Zinsou versteckt und jammerte jeden Tag: „Ich hatte meinen Bruder Zinsou schon davor gewarnt, sich von diesem Gespenst fernzuhalten. Bald wird es geschehen, dass er gebraten und gefressen wird.“
Währenddessen stahl Sagbo immer das Essen des Gespenstes, denn das Gespenst wusste nicht, dass sie zwei

an der Zahl waren. Dann gab er seinem festgebundenen Bruder zu essen, damit er nicht verhungerte.

Am fünften Tag kam das Gespenst zu Zinsou, betrachtete ihn lange und kehrte wieder zurück.

Am siebten Tag kam es wieder, stimmte ein Lied an und fing an, um Zinsou herumzugehen. Dann wünschte es sich einen großen Herd, um den Jungen damit rösten zu können. Es band Zinsou los und führte ihn an die weißglühende Grube.

Währenddessen lauerte Sagbo auf das Gespenst und machte sich Gedanken, wie er seinen Bruder erlösen könnte.

Nach reiflicher Überlegung ging er ins Gebüsch und holte sich einen Stock.

In jenem Augenblick hatte sich das Gespenst von dem magischen Sessel erhoben und besaß keine magische Gewalt mehr.

Als es zum siebten Mal um Zinsou herumgehen und ihn ins Feuer schmeißen wollte, bewarf ihn Sagbo mit dem Stock, den er im Gebüsch geholt hatte. Und der Stock traf das Gespenst im Gesicht. Daraufhin setze Sagbo sich schnell auf den magischen Sessel des Gespenstes und sagte: „Ich befehle, dass ein Seil das Gespenst festbindet.“

Kaum hatte er diesen Wunsch ausgesprochen, dass das Gespenst mit einem Seil festgebunden wurde.

Dann sagte er weiter: „Ab jetzt befehle ich, dass mein Bruder Zinsou freigelassen wird.“

Und Zinsou wurde freigelassen.

Dann sagte er weiter: „Gespenst, du warst der Herr dieses Waldes und wolltest meinen Bruder Zinsou rösten. Aber heute ist dein Ende. Ich werde dich rösten. Ich befehle,

dass ein gewaltiger Wind weht und dich in die weißglühende Grube stürzt."
Kaum hatte er diesen Wunsch geäußert, kam ein Wirbelwind auf und begann, um das Gespenst zu wehen. Und obwohl es ihm zu widerstehen versuchte, wurde es endlich in die weißglühende Grube gestürzt und vom Feuer geröstet. Dann befahl Sagbo dem magischen Sessel, dass die weißglühende Grube zugemacht würde. Und sie schloss sich auf der Stelle.
In jenem Augenblick war Sagbo immer auf dem magischen Sessel gesessen, so dass alle seine gehegten Wünsche schnell in Erfüllung gingen.
So sagte er erneut: „Ich befehle, dass all diese Bäume, die uns umgeben, verschwinden."
Und alle Bäume verschwanden, so dass jene Stelle kein Wald mehr war.
„Ich wünsche mir jetzt einen schönen Königspalast und Reichtum", sprach er weiter.
So wurden die beiden Brüder sehr reich.
Ihr Onkel, der sie als Kinder misshandelt und sich ihres Erbes bemächtigt hatte, hatte schon das Erbe beider Brüder verschwendet und war wieder in Armut geraten.
Eines Tages beschlossen die beiden Zwillingsbrüder, sich zu ihm zu begeben. Dort angekommen begrüßte der Onkel sie herzlich und sagte: „Ihr lieben Kinder! Wo wart ihr? Ich habe euch lange gesucht und nicht gefunden. Ich habe sie vermisst"
Da entgegnete ihm Zinsou: „Komm uns nicht zu nahe. Seitdem unser Vater verstorben ist, hast du uns misshandelt und unser Erbe verschwendet. Du wagst es, uns heute

als deine Kinder zu bezeichnen. Wir erkennen dich nicht als unseren Onkel an."
Darauf kehrten sie ihm den Rücken zu und gingen in ihren Königspalast zurück, wo sie ein glückliches Leben führten.

Deshalb sollte man andere Kinder gleich behandeln wie seine eigenen Kinder.

Der Junge, der sich für ein Mädchen ausgab

Mein Märchen springt hin und her und landet endlich in eine Gegend namens Mindesse.

In jener Gegend herrschte ein König namens Agonglo. Agonglo besaß einen großen Markt, der im Zentrum in jener Gegend lag. Nur Frauen durften auf jenen Markt gehen. Kein männliches Wesen sollte sich trauen, auf den Markt zu gehen. Und jeden Dienstag ist Markttag.
Bevor Frauen auf jenen Markt gehen durften, sollten sie einen ganz weißen Stoff bis zu ihren Brüsten umbinden und Perlen um den Hals tragen. Auf jenem Markt werden allerlei Waren verkauft, so dass die Frauen von der Nachbargegend gern dort einkauften.
Inmitten des Marktes thronte der König, wo sein königlicher Sessel errichtet war. So konnte er von seinem Sessel aus die Frauen betrachten und jene heiraten, die ihm gefielen, indem er sie festnehmen ließ. Die Eltern der festgenommenen Frauen wurden nachträglich benachrichtigt.

In einer Nachbargegend gab es einen sehr neugierigen Jungen namens Agbidi. Agbidi war das einzige Kind seiner Familie. Als er erfuhr, dass es in einer nicht entfernten Gegend einen Markt gab, auf den nur Frauen einkaufen durften, wurde er sehr neugierig und wollte selber Augenzeuge sein.
Eines Tages teilte er seiner Mutter sein Vorhaben mit. Die Reaktion der Mutter ließ nicht lange auf sich warten: „Geh bitte nicht auf diesen Markt. Er gehört dem König dieser Gegend, und kein männliches Wesen darf dort ei

kaufen gehen. Wenn du auf diesen Markt gehst, wird dein Kopf abgeschlagen werden. Sprich also nicht mehr von diesem Markt, denn du kannst dein Leben aufs Spiel setzen.“

Nach der Reaktion seiner Mutter überlegte sich lange Agbidi, was er anfangen sollte, denn er wollte nicht auf sein Vorhaben verzichten.

Agbidi war ein schöner Junge mit einer hellen Haut.

Nach reiflicher Überlegung betrat er das Zimmer seiner Mutter, die inzwischen ausgegangen war, und nahm Schminke, eine Perücke und einen Stoff und Perlen.

An den Dienstag darauf, den Markttag, verkleidete er sich als Mädchen, indem er Schminke und Perücke auftrug, Perlen um den Hals legte, sich einen künstlichen Busen anfertigte, und einen Stoff bis zu seinem Busen umband. Dann holte er sich ein Töpfchen, trug es in seiner linken Hand und ging zu dem Frauenmarkt.

Dort angekommen betrat er den Markt und fing an einzukaufen.

In jenem Augenblick hatte der König ihn schon erblickt und schaute ihn begierig, denn der verkleidete Junge hatte eine hübsche weibliche Gestalt und war auffällig.

Als er mit dem Einkaufen fertig war und aus dem Markt kommen wollte, schickte der König seine Diener, ihn zu holen, denn der König wollte ihn als Frau haben. Der Junge, der sich als Mädchen verkleidet hatte, wurde festgenommen. Und seine Männlichkeit wurde entdeckt. Wegen seiner Kühnheit wurde er enthauptet, denn kein männliches Wesen durfte den Markt betreten.

Deshalb dürfen Kinder ihren Eltern gehorchen und ihre Ratschläge nicht in den Wind schlagen.

Die beiden Blinden

Mein Märchen fliegt hin und her und setzt sich endlich auf zwei Blinden.

Einst lebten in einem entfernten Dorf zwei Blinde. Sie kannten nicht einander und lebten von Almosen, die sie von guten Leuten bekamen. So konnten sie weiterleben, ohne sich Sorgen um ihre Blindheit zu machen.

Eines Tages befanden sich zufällig beide Blinde auf einem öffentlichen Platz. Dort konnte jeder von ihnen durch die Geschwätzigkeit von anwesenden Leuten erfahren, dass sie zwei Blinde im Dorf waren. Darüber freuten sich beide Blinde, da jeder glaubte, er war nicht allein im Dorf. Sie lernten sich kennen und befreundeten sich miteinander. Seither waren sie unzertrennliche Freunde geworden, bettelten zusammen und vertrauten sich einander ihre Sorgen an.

Aber mit der Zeit wurden die Mittel der Almosengeber immer geringer und demzufolge die Lebenshaltung beider Blinden.

„Was wird aus uns werden“, fragten sich ständig beide Blinde.

Viele Kinder fingen an, beiden Blinden einen bösen Streich zu spielen. Anstelle von Almosen schenkten sie ihnen Steine. Das Überleben beider Blinde wurde also immer schwieriger und sie sagten sich, ob es sich noch zu leben lohnte.

Unverrichteter Dinge und ganz verzweifelt beschlossen sie, Selbstmord zu begehen und glaubten, alles, was ihnen auf dieser Erde fehlte, im Jenseits zu finden.

Es ging ihnen aber nicht darum, eines gewaltigen Todes zu sterben. Deshalb schlug einer der beiden Blinden vor, in den Fluss, der im Dorf lag, zu tauchen, um sich zu ertrinken. Dem anderen Blinden gefiel der Vorschlag, und sie setzten den Tag fest, an dem sie zum Handeln übergehen würden.

Kommt Zeit, kommt Rat! Die Tage vergingen und schon hatten beide Blinde ihre Meinung geändert, ohne dass sie es einander enthüllt hatten.

Am festgesetzten Tag ging jeder mit einem großen Stein in der Hand zum Fluss. Genau in dem Moment, in dem sie in den Fluss tauchen sollten, ergriff der Jüngste beider Blinden, der schon seine Meinung geändert hatte, das Wort und sagte: „Lieber Freund, du hast mir den Vorschlag gemacht, uns in diesen Fluss zu tauchen, um uns zu ertrinken. Du bist zuerst daran."

„Wenn es so ist, wäre es besser, dass wir beide zur gleichen Zeit in den Fluss tauchen", entgegnete ihm der älteste Blinde.

Und beide einigten sich darauf.

Als der Älteste das Signal gab, in den Fluss zu tauchen, war laut das Geräusch zweier großer Steine im Fluss zu hören. Es herrschte dann Stille.

Dann machte sich jeder der beiden Blinden auf dem Heimweg und glaubte dem anderen einen üblen Streich gespielt zu haben.

„Was höre ich da? Ist das nicht die Stimme meines Freundes?", fragte sich erstaunt der älteste Blinde. Der jüngste Blinde entgegnete ihm und fragte ihn scherzhaft, ob er sich schon im Jenseits befände. Und beide brachen in Lachen aus. Da fingen sie an, einander mit den Händen zu suchen, fanden sich wieder und umarmten sich.

Deshalb soll man nicht wegen eines Unglücks verzweifeln und immer positiv bleiben.

Warum der Hase lange Ohren hat

Mein Märchen fliegt hin und her und setzt sich auf alle im Wald lebenden Tiere.

Der Löwe, der König aller Tiere, rief eines Tages zu sich alle Tiere, die im Wald lebten, und sagte: „Unsere Welt von heute wird immer schwieriger. Wir essen aber trinken nicht mehr wie früher. Ich schlage euch also etwas vor: wir, Tiere, werden unsere O0hren abschneiden und damit einen Brunnen graben."
„Wie kann ein Brunnen mit Ohren gegraben werden?", fragten ihn neugierig alle Tiere zusammen.
„Das Ding ist möglich, vorausgesetzt ihr opfert eure Ohren", brachte der König wieder vor.
Auf der Stelle fingen einige Tiere, die mit jenem Vorschlag nicht einverstanden waren, an, nach hinten zu treten.
Und der Löwe stellte klar: „Wenn ein Tier mit seinen Ohren nicht zum Graben vom Brunnen beiträgt, und es uns gelingt, dies zu schaffen, wird jenes kein Wasser davon trinken."
Daraufhin fingen alle Tiere an, sich ihre Ohren abschneiden zu lassen. Nur die Ohren des Hasen und die des Löwen selbst fehlten noch.
Da sagten die anderen Tiere: „Jetzt bist du an der Reihe, Hase."
Aber der Hase antwortete ihnen: „Besser wäre es, dass der Löwe selbst zuerst die seinigen abschneiden lässt, dann werde ich die meinigen auch abschneiden lassen. Stellt ihr

euch vor, dass wir alle unsere Ohren abschneiden lassen und unser König nicht!“

Alle Versuche, den Hasen zu überreden, seine Ohren vor denen des Löwen abschneiden zu lassen, blieben ergebnislos.

Da ging der Löwe zu jenem, der die Ohren schnitt, um seine Ohren schneiden zu lassen. Dann wurde der Hase gebeten, das gleiche zu tun.

Er lehnte aber ab und sagte: „Guck aufmerksam meine Ohren! Ich habe die schönsten Ohren aller Tiere. Ich habe sogar das beste Gehör. Meine Ohren schützten mich vor irgendwelcher Gefahr. Wenn ich sie mir abschneiden lasse, werde ich die Beute aller Wildtiere sein. Aus diesen Gründen lehne ich ab, mir die Ohren abschneiden zu lassen.“

Der Löwe warnte den Hasen und sagte ihm: „Hase, wenn du es ablehnst, deine Ohren abschneiden zu lassen, wirst du nicht von unserem Wasser trinken.“

„Ich werde nicht von eurem Wasser trinken. Trinkt von eurem Wasser!“, entgegnete ihm der Hase.

„Wenn es so ist, werden wir unseren Brunnen verriegeln, damit du davon nicht trinkst“, sagte bedrohlich der Löwe dem Hasen.

„Ihr könnt sogar den Schlüssel ins Meer werfen, damit ich von eurem Wasser nicht trinke. Ich habe immer ohne euren Brunnen Wasser getrunken und so wird es weitergehen“, trotzte der Hase dem Löwen.

Daraufhin verabschiedete sich der Hase von ihnen und ging seines Weges.

Es wurde dann vom Löwen eine große Versammlung aller Tiere einberufen, um den Brunnen zu graben. Jener Brun-

nen war eine unerschöpfliche Quelle, aus der alle Tiere Wasser trinken konnten.
Alle Tiere aßen und tranken seit jenem Tag beliebig und wurden immer fetter.
Währenddessen wurde der Hase immer mager, denn er aß und trank zu wenig. Er hatte nur noch als Trinkwasser den Tau, der sich am frühen Morgen auf die Gräser legte. Er konnte aber seine Lage weiter ertragen.
Inzwischen hatten die Tiere nicht mehr den Brunnen wie versprochen verschlossen. Wenn sie aus dem Brunnen tranken und weggingen, kam der Hase hinterher und trank auch davon. Danach verrichtete er seine Notdurft in dem Wasser und hinterließ damit den anderen Tieren seine Spuren.
Die anderen Tiere hatten leicht den Hasen an jener Schandtat erkannt, zumal sein Urin das Wasser verfärbt hatte.
Es wurde wieder eine Versammlung einberufen, wobei sich alle Tiere darauf einigten, einer nach den anderen über den Brunnen zu wachen.
Auf der Stelle drückte das Eichhörnchen den Wunsch aus, als erstes diese Aufgabe zu erfüllen. Da es aber ein feiges Tier war, wurde der Ochse gebeten, ihm dabei zu helfen. Und beide machten sich auf den Weg zu dem Brunnen.
Unterwegs änderte plötzlich das Eichhörnchen aus Angst seine Meinung und sagte zum Ochsen, es wollte nicht weiter zum Brunnen gehen, es würde sich lieber in seiner Höhle verstecken und von dort aus über den Brunnen wachen.

Aber der Ochse entgegnete ihm: „Unser König hatte wirklich Recht. Du bist ein feiges Tier. Wieso kannst du von deiner Höhle aus über einen Brunnen wachen?“
Als sie sich so unterhielten, erblickten sie den Hasen, der sich schon satt gegessen hatte und an dem Brunnen trinken ging. Er trank vom Wasser des Brunnens, verrichtete seine Notdurft darin und ging seinen Weg weiter.
Das Eichhörnchen und der Ochse hatten alles mit angesehen und gingen zum König, um es zu verraten.
„Seine Majestät, heute haben wir jenen, der vom unserem Wasser trinkt und seine Notdurft darin verrichtet, entdeckt. Das ist der Hase“, enthüllten sie dem Löwen.
„Was können wir tun, um den Hasen zu ertappen?“, fragte der Löwe.
Wieder einmal ließ der Löwe eine Versammlung einberufen, woran alle Tiere teilnahmen. Da sagte er: „Wir haben heute jenen, der von unserem Wasser trinkt und seine Notdurft darin verrichtet, entdeckt. Das ist der Hase.“
Und alle Tiere fingen an, wütend zu schreien und den Hasen zu bedrohen.
„Tragt es bitte mit Fassung! Wer kann den Hasen töten?“, sagte der Löwe vor der Versammlung.
Auf der Stelle kam der Panther inmitten des Gedränges und antwortete dem Löwen: „Ich, der Panther, bin in der Lage, mich blitzschnell auf den Hasen loszustürzen und ihn zu verschlingen.“
So wurde der Panther beauftragt, über den Brunnen zu wachen.

Eines anderen Tages, als der Hase zum Brunnen kam, spürte es die Gefahr und kehrte zurück. Der Panther sah an jenem Tag nicht den Hasen.

Da der Hase an jenem Tag die Anwesenheit eines Wildtieres gespürt hatte, ging er zum Wahrsager und erkundigte sich nach der bevorstehenden Gefahr: „Du, allwissender Wahrsager, was soll ich denn tun, um jedes Mal mit heiler Haut davonzukommen, nachdem ich vom Wasser aus dem unerschöpflichen Brunnen trinke?"

Der Wahrsager befragte das Orakel und enthüllte folgendes: „Bevor du vom Wasser trinkst, brauchst du eine durchlöcherte Kanne, die du mit einem Tierknochen um den Hals binden wirst. Dann sollst du dieses Lied anstimmen, bevor du an den Brunnen zum Trinken gehst:

Tchekli, tchekli, tchekli,
Tchekli, tchekli, tchekli,
Dala cor de berné,
Dun dun dun,
Alé kaka zé dé,
ahon á wè á.

Wenn du dieses Lied anstimmst, kann kein Tier dich fressen."

Der Wahrsager verlangte vom Hasen, dass er das Lied wiederholte, um sicher zu sein, dass er das Lied im Kopf behalten hatte. So stimmte der Hase an:

Tchekli, tchekli, tchekli,
Tchekli, tchekli, tchekli,
Dala cor de berné,

Dun dun dun,
Alé kaka zé dé,
ahon á we á.

Danach nahmen der Wahrsager und der Hase Abschied voneinander.

Als der Hase eines anderen Tages an den Brunnen zum Trinken ging, wurde er vom Panther erblickt. Da schüttelte der Hase die Kanne, die er mit einem Tierknochen um den Hals gebunden hatte, und stimmte an:

Tchekli, tchekli, tchekli,
Tchekli, tchekli, tchekli,
Dala cor de berné,
Dun dun dun,
Alé kaka zé dé,
ahon á we á.

Kaum hatte der Hase das Lied gesungen, trat der Panther einige Schritte zurück. Daraufhin ging der Hase auf ihn zu, indem er das Lied erneut anstimmte:

Tchekli, tchekli, tchekli,
Tchekli, tchekli, tchekli,
Dala cor de berné,
Dun dun dun,
Alé kaka zé dé,
ahon á we á

Das erstaunte sehr den Panther und er sagte zu sich: „Dieses Tier ist kein Hase, sondern ein übernatürliches Tier. Besser wäre es, dass ich davonlaufe."

Mit diesen Worten nahm der Panther, der über den Brunnen wachte, Reißaus und kehrte zum Löwen zurück. Dort erzählte er, wie er ein übernatürliches Tier gesehen hatte, das wie ein Hase aussah und das eine Kanne mit einem Tierknochen um den Hals anhatte, die wie ein Mensch sprechen konnte.

Der König ließ sich aber nicht einschüchtern und berief auf der Stelle eine Versammlung am Brunnen ein.

Alle Tiere versammelten sich am festgesetzten Tag am Brunnen.

Gerade in jenem Augenblick tauchte wieder der Hase zum Trinken aus dem Gebüsch auf.

Als er aber diese Schar Tiere erblickte, bekam er zuerst Angst und fing an, die Ratschläge des Wahrsagers in Zweifel zu ziehen, ob jener ihm in jener Lage wirklich nützlich sein würde. Nach einer Weile bekam er wieder Mut und stimmte das Lied an, indem er die Kanne mit dem Tierknochen, die es um den Hals anhatte, schüttelte:

Tchekli, tchekli, tchekli,
Tchekli, tchekli, tchekli,
Dala cor de berné,
Dun dun dun,
Alé kaka zé dé,
ahon á we á.

Die Tiere bekamen keine Angst und stürzten auf den Hasen los, und ließen sich nicht vom Lied und seinem komischen Aussehen einschüchtern.
Der Hase wollte davonlaufen. Er wurde aber von den anderen Tieren eingeholt und die mit einem Tierknochen versehene Kanne wurde von seinem Hals gebrochen. Dann sagte der Löwe: „Hase, wir wussten, dass du immer insgeheim Wasser von unserem Brunnen trinkst. Hattest du nicht deine Ohren zum Graben des Brunnens opfern wollen? Alle anderen Tiere haben das akzeptiert und wir haben unseren Brunnen gegraben. Aber du, du kommst und trinkst umsonst Wasser daraus."
Nach diesen Worten fragte der Löwe die Anwesenden Tiere, welches Urteil über den Hasen ausgesprochen werden könnte.
„Er soll umgebracht werden", „Wir sollen ihn mit dem Messer in kleine Stücke schneiden" sagten die einen.
„Besser wäre es, dass wir ihn zu Asche verbrennen", sagten die anderen.
Der Löwe hörte aufmerksam allen Vorschlägen zu und wählte endlich den letzten aus.
Es wurde eine Grube gegraben und den Hasen hineingeführt. Dann wurden Brennhölzer in die Grube hineingeworfen. Plötzlich aber änderte der Löwe seine Meinung und sagte: „Es reicht. Wir brauchen nicht mehr diese Brennhölzer anzuzünden. Besser wäre es, dass wir den Hasen in der Grube lassen. Er könnte niemals daraus kommen und würde verhungern."
Die anderen Tiere waren nicht damit einverstanden und ließen dem Löwen keine Ruhe, bis jener ihrer Bitte nachgab, den Hasen zu Asche zu verbrennen.

Während der Löwe und die Tiere sich stritten, war schon der Hase dank seiner Behändigkeit aus der Grube gesprungen.
Die Tiere wussten aber nicht, dass der Hase schon aus der Grube gesprungen war und legten Feuer in die Grube. So glaubten sie, den Hasen verbrannt zu haben und freuten sich darüber, indem sie sagten: „Jetzt wird der Hase nicht mehr Wasser aus unserem Brunnen trinken und seine Notdurft darin verrichten. Jetzt können wir so viel Wasser trinken, bis wir alle fetter werden."

Als der Hase aus der Grube entflohen war, stieß er unterwegs auf zwei Bäume, die nebeneinander standen. An einem der Äste eines Baumes erblickte er etwas Schwarzes, womit der Ast gebunden wurde. Und jene Sache schleppte sich hin und her, wenn der Wind wehte. Das erstaunte sehr den Hasen und er fragte sich, was es wohl sein könnte.
Da holte er sich ein Hölzchen und versuchte, das schwarze Objekt hinunterzubringen. Kaum hatte er es mit dem Hölzchen berührt, dass es eine Ohrfeige bekam und auf den Boden fiel. Und alle seine Augen wurden auf der Stelle rot vor Schmerzen.
Er ließ sich nicht deshalb entmutigen, erhob sich, holte sich ein anderes Hölzchen und berührte wieder das Objekt mit dem Hölzchen. Aber wieder einmal bekam er eine Ohrfeige und verlor die Besinnung.
In jenem Augenblick ging der Löwe, der König aller Tiere, an demselben Baum vorbei und erblickte den Hasen. Zuerst traute er sich kaum seinen Augen, den Hasen noch

lebendig zu sehen, denn er glaubte, der Hase wäre schon in der Grube verbrannt worden.
Auf der Stelle wollte er die anderen Tiere zu sich rufen, aber der Hase riet ihm davon ab, indem er sagte: „König, du brauchst nicht, die anderen Tiere zu rufen. Du bist der König aller Tiere. Aber heute werde ich dir beweisen, dass ich schlauer als du bin. Komm zu mir!“
Und der Löwe näherte sich ihm.
„Wenn du wirklich der König der Tiere bist, nimm dieses Hölzchen und versuch, dieses schwarze Objekt dort an dem obigen Ast mit ihm zu berühren. Schaffst du das, so werde ich dir eine Ohrfeige geben. Du überschätzt dich nur, du seiest der Stärkste aller Tiere. Ich werde dir heute zeigen, dass ich der echte König aller Tiere bin“, sagte listig der Hase zum König.
Der König fand den Hasen lustig, brach im Lachen aus und spottete über ihn, er wäre verrückt geworden.
„Ich spreche im Ernst. Probiere mal! Und du wirst sehen, was aus deiner Backe wird. Wenn du willst, kannst du die anderen Tiere als Augenzeuge rufen“, sagte ihm scherzhaft der Hase.
So wurden alle anderen Tiere zu ihrem großen Erstaunen eingeladen, der Probe beizuwohnen.
Der Hase erklärte ihnen die Probe: „Ich habe euren König auf eine Probe gestellt. Wenn er sich traute, das an diesem Ast gehangene Objekt mit dem Hölzchen zu berühren, werde ich ihm eine Ohrfeige geben.“
„Ihm eine Ohrfeige geben?“, wunderten sich alle Tiere und fingen an, über den Hasen zu spotten, er könnte nicht dazu fähig sein.

Da nahm der König das Hölzchen und berührte das schwarze Objekt damit.

Auf der Stelle bekam er nicht mehr eine sondern zwei Ohrfeigen und fiel auf den Boden. Gleich in jenem Moment stürzte sich der Hase auf ihn los und fing an, ihm Schläge zu geben, damit die anderen Tiere glaubten, er habe selber dem König die Ohrfeigen gegeben.

Alle Tiere schrien vor Angst: „Hase, bringe bitte unseren König nicht um! Hase, bringe bitte unseren König nicht um!

Der listige Hase gab schnell den Bitten der Tiere nach und sagte: „Hätten sie mich gelassen, so würde ich euren König umbringen!“

Wegen dieser List wurde der Hase beauftragt, über den Brunnen zu wachen. Und wenn ein Tier Wasser trinken wollte, bat es den Hasen um Erlaubnis.

Seit jenem Tag wird der Hase als eines der Tiere, das die längsten und schönsten Ohren unter allen Tieren hat, betrachtet, denn er hat sich in jener Zeit die Ohren nicht schneiden lassen.

Die böse Frau

Mein Märchen fliegt geradeaus und setzt sich endlich auf Bokossa, einen reichen Mann.

Bokossa hatte eine Frau und lebte friedlich mit ihr. Lange lebten sie zusammen, bis Bokossa eines Tages entschied, eine andere Frau zu heiraten.

Es dauerte nicht lange und er verschaffte sich eine neue Frau. Er zahlte eine pompöse Mitgift und die Frau zog in sein Haus ein.

Die erste Frau war aber heuchlerisch und sehr eifersüchtig. Sie wurde eifersüchtig, als ihr Mann eine zweite Frau hinzunahm, aber sie verbarg ihre Eifersucht.

Es trug sich zu, dass die beiden Frauen eines Tages Wasser aus einer Quelle holten. Die Quelle war weit von ihrem Haus entfernt.

Als sie sehr nah an die Quelle kamen, sagte die erste Frau zu ihrer Rivalin, sie sollte etwas tiefer in den Fluss gehen und dort ihr Wasser holen.

Dabei dachte sie, der Fluss wäre dort zu tief und die Rivalin könnte ertrinken.

Die zweite Frau, die die Quelle nicht gut kannte, befolgte den Ratschlag der ersten Frau und ging etwas weiter in den Fluss. Plötzlich versank sie.

Daraufhin holte schnell die erste Frau ihr Wasser und kehrte nach Hause zurück, und dachte, die zweite Frau wäre schon ertrunken.

Als die erste Frau nach Hause kam, fragte ihr Mann sie nach der zweiten Frau. Sie antwortete ihm, sie sei unterwegs einigen ihrer Freundinnen begegnet und sie wären dabei zu plaudern. Da die Plauderei andauerte, sei sie nach Hause zurückgekehrt, um das Mittagsessen rechtzeitig kochen zu können.

Bokossa glaubte ihr nur aufs Wort.

Als die Nacht einbrach, wurde er sehr unruhig. Zuerst dachte er an eine Flucht der zweiten Frau.
Darauf ließ er eine Familienversammlung einberufen, wobei es entschieden worden war, die vermisste Frau überall zu suchen. Alle Suchaktionen waren aber ergebnislos.
Es trug sich zu, dass Ganti, der Holzhauer und Freund von Bokossa, sich eines Tages ins Gebüsch, nicht weit von der Quelle, begab. Dort erblickte er einen großen Baum an einem Fluss und ging an ihn, um ihn umzuhauen.
Indem er auf den Baum kletterte, hörte er plötzlich eine Frau singen:

Gantin, der Freund meines Mannes.
Du, der dabei bist, einen Baum umzuhauen,
Erlaube mir,
dir eine Botschaft für meinen Mann Bokossa zu übermitteln.
Meine Rivalin und ich waren zusammen an diesen Fluss gekommen.
Ich wollte gerade hier nah am Ufer Wasser schöpfen.
Sie sagte mir aber,
ich soll tiefer in den Fluss gehen.
Indem ich ein paar Schritte tief ging,
geriet ich in ein Krokodilloch.

Als Ganti das Lied vernahm, hörte er sofort mit der Arbeit auf, um es aufmerksam zu hören. Die Frau stimmte noch einmal das Lied an und er hörte deren Botschaft wieder. Daraufhin stieg er hinab und lief zu Bokossa nach Hause.
Dort angekommen, versammelte er alle Hausbewohner und verriet Bokossa die Botschaft des Liedes. Ohne Zögern ließ Bokossa seinen Wahrsager rufen, und dieser befragte das Orakel und enthüllte das Opfer, das dargebracht werden sollte, damit die zweite Frau wohlbehalten wieder nach Hause zurückkommen könnte.
Bokossa verschaffte auf der Stelle die Zutaten der Opfergabe.

Am Tag der Opfergabe gingen alle zusammen an den Fluss. Der Wahrsager brachte den Gottheiten des Flusses das Opfer dar, indem er ein riesiges Tier schlachten ließ und es ihnen schenkte. Und die in den Fluss versunkene Frau wurde erlöst.
Die eifersüchtige Frau wurde enthauptet und ihr Kopf den Krokodilen zugeworfen. So wurde die erste Frau für ihre Eifersucht bestraft.

Deshalb darf man keine böse Absicht gegen den Nachbarn pflegen, denn die erste Frau ist wegen ihrer Eifersucht umgebracht worden.

Der Mann und seine beiden Frauen

Mein Märchen fliegt hin und her und setzt sich endlich auf einen armen Mann.

Der Mann war arm und ihm gelingt nichts. Alle von ihm ergriffenen Initiativen waren vergeblich. So lebte er lange, bis er eines Tages eine Frau kennenlernte und heiratete.

Diese Frau war für den Mann wie ein Gottesgeschenk, denn sie war eine Verkäuferin und widmete sich dem Handel.

Indem sie den Handel weiter betrieb, war sie eine reiche Verkäuferin geworden. Aber wenn sie abends vom Verkaufen nach Hause zurückkam, war sie müde. Und wenn ihr Mann ihr Zimmer betrat, um bei ihr zu übernachten, sagte sie, dass sie sich müde fühlte. Und so blieb es.

Eines Tages schlug sie ihrem Mann vor, sie würde versuchen, ihm eine Hausfrau zu finden, damit er mit ihr übernachten würde, weil sie abends immer müde nach Hause kam. Dem Mann gefiel der Vorschlag.

Wie versprochen verschaffte sie dem Mann die neue Frau. Als diese aber ins Haus des Mannes zog, fing sie an, die Verkäuferin zu beneiden, indem sie sie beraubte, denn sie wollte nicht, dass ihr Handel blühte. Die Verkäuferin hatte den Diebstahl entdeckt aber darauf nicht reagiert.

Da die Hausfrau aber nicht mit dem Diebstahl aufhörte, wusste die Verkäuferin nicht mehr, was sie anfangen würde. Nach langer und reiflicher Überlegung beschloss sie, ihrem Mann vom Diebstahl zu erzählen.

Gedacht, getan! Die Frau erzählte ihrem Mann von dem Diebstahl der Hausfrau. Daraufhin rief der Mann die Hausfrau zu sich und fragte sie nach dem Diebstahl. Sie fühlte sich aber wegen der Frage gedemütigt und entfachte einen Streit mit der Verkäuferin. Ihr Mann war gezwungen, der Hausfrau ein Zimmer abzutreten.

Die Hausfrau war aber unversöhnlich und ging eines Tages zum traditionellen Priester namens Bokonon und enthüllte ihm ihre Absicht, den Handel der Verkäuferin zunichte zu machen. Der Wahrsager sicherte ihr seine Hilfe zu und sagte: „Du musst versuchen, mir zwei Arten von Blättern, nämlich gbossi und sossi mitzubringen.“ *(Gbossi und Sossi sind die Namen der besagten Blätter auf Fon, die meist gesprochene Sprache in Benin)*

Die Hausfrau verschaffte dem Wahrsager die genannten Blätter.

Als die Hausfrau dem traditionellen Priester die beiden Blätter verschafft hatte, verwandelte er sie in vielerlei Blättchen und sagte: „Diese vier Blättchen wirst du in jede der vier Ecken deines Zimmers ablegen. Bevor du abends ins Bett gehst, sollst du auf jedes Einzelne der Blättchen treten. Auf der Stelle wirst du dich in eine Maus verwandeln und kannst allem im Zimmer der Verkäuferin Schaden zufügen.“

Wie gesagt trat die Hausfrau abends auf die vier Blättchen, verwandelte sich in eine Maus und machte die Waren der Verkäuferin kaputt. Danach trat sie auf die vier Blättchen wieder und nahm die Gestalt eines Menschen wieder an.

Die Verkäuferin bemerkte die Schandtat, sie suchte aber vergeblich den Täter.

Als die Hausfrau sich erneut in einer Nacht in eine Maus verwandelt hatte und ins Zimmer der Verkäuferin eingedrungen war und an ihren Waren zu nagen anfing, träumte die Verkäuferin von der Maus und vom Diebstahl.
Sofort wachte sie auf und weckte auch ihren Mann. Daraufhin nahmen sie alle Blättchen weg, bevor die Hausfrau sich in einen Menschen zurückverwandeln konnte.
Nachdem die Maus ihre Schandtat begangen hatte und in ihr Zimmer zurück wollte, fand sie keine Blättchen mehr. Da fing sie an, hin und her im Zimmer zu laufen. Die Verkäuferin und ihr Mann hatten das bemerkt und setzten wieder die Blättchen in jede der vier Ecken des Zimmers ab.
Da die Maus lange um die Ecken des Zimmers vergebens gelaufen ist und die vier Blättchen wieder erblickt, trat sie sofort auf sie und nahm eine menschliche Gestalt an, die nichts anders war als die Hausfrau. Sie schämte sich sehr, dass die Verkäuferin und der Mann alles miterlebt und verstanden hatten. Deswegen erzählte sie ihnen, wie sie die Verkäuferin beneidete, wie sie zum traditionellen Priester gegangen war, um sich in eine Maus verwandeln und in ihr Zimmer eindringen zu können.
Die Verkäuferin überlegte sich lange und kam darauf: *„Es ist schwer, dem Menschen Gutes zu tun!“*

Die untreue Frau

Mein Märchen springt hin und her und setzt sich auf einen Bauern.

Einst hatte ein Bauer ein großes Feld und war sehr fleißig. Sein Fleiß brachte ihn dazu, sich auf dem Feld niederzulassen, um sich gut den Feldarbeiten zu widmen. Es dauerte ein bisschen lange und er fing schon an, sich allein zu fühlen. Da traf er den Entschluss, eine Frau zu heiraten, mit der er auf dem Feld leben konnte.
Sein Wunsch ging in Erfüllung und er nahm nach einer pompösen Mitgift eine Frau.
In der Familie jenes Bauern gab es aber manche Gebote, die verheiratete Frauen beachten mussten. Und diese Verbote wurden der neuen Frau schon gleich nach der Heirat bekanntgegeben.

In der Familie des Bauern fand in jedem Jahr eine Zeremonie statt und alle Mitglieder der Familie und ihre Frauen sollten daran teilnehmen. An dieser Zeremonie durften untreue Frauen nicht teilnehmen, denn sie könnten dabei von Geistern entlarvt werden. Wenn die Nacktheit von verheirateten Frauen der Familie von einem anderen Mann entdeckt wurde, wurde das auch als eine Untreue betrachtet.

Die neue Frau des Bauern war aber eine sehr neugierige und kühne Frau.

Es verging nicht viel Zeit und schon verspürte sie Lust, das Gebot zu übertreten, da sie wollte prüfen, ob ihre Untreue tatsächlich entdeckt werden könnte.
So fing sie an, den Bauern mit einem anderen Mann zu täuschen.

Als sich der Tag näherte, an dem die jährliche Zeremonie stattfinden würde, wurde sie unruhig, indem sie sich fragte, ob sie nicht an jenem Tag entdeckt und Ziel böser Zungen würde.
Aus Vorsorge dachte sie sich einen Trick aus. Sie ging zu ihrem Liebenden und enthüllte ihm den Trick, indem sie sagte: „Mein Liebender, ich habe das Gebot meiner Schwiegereltern übertreten, indem ich mit dir geschlafen habe. Dafür bist du mitverantwortlich. Da geschieht es, dass die diesjährige Zeremonie schon bevorsteht. Hört mir aufmerksam zu! Mein Mann hat ein Pferd, mit dem er öfters ins Dorf zurückkehrt. An dem festgesetzten Tag werden wir, mein Mann und ich, uns mit dem Pferd ins Dorf begeben. Warte auf uns auf einem der Bäume, die sich den Weg entlang erstreckten."
Erstaunt fragte der Liebende sie, was er denn machen solle.
„Genau im Moment, in dem wir an den Bäumen vorbei reiten werden, sollst du von einem der Bäume springen und zwischen uns fallen", deutete die Frau an. „Wieso kannst du dir so was vorstellen?", fragte der Liebende.
„Stell mir nicht so viele Fragen! Mach nur das, was ich dir gesagt habe!", betonte die Frau.
Als sich der Bauer und seine untreue Frau am festgesetzten Tag der Zeremonie mit dem Pferd auf dem Weg

machten und an den beschriebenen Bäumen vorbei reiten wollten, sprang plötzlich der Liebende von einem der Bäume und fiel zwischen das Ehepaar hinab. Der Bauer fiel auf der Stelle vom Pferd.
Als die untreue Frau aber vom Pferd fallen wollte, ließ sie absichtlich den um ihren Unterkörper gebundenen Stoff hinfallen, so dass ihre Nacktheit dem Liebenden sichtbar war.
Es war dem Bauern alles wie ein Traum, denn er verstand nicht, wie es zu dieser peinlichen Situation gekommen war. In der Tat glaubte er, seine Frau habe eben durch diesen Zwischenfall das Gebot übertreten, nach dem kein anderer Mann ihre Nacktheit entdecken durfte.
Er stand mühsam auf und half seiner Frau aufzustehen. Dann ritten sie weiter.

Bei der Zeremonie wurde die Untreue der Frau von dem traditionellen Priester entdeckt. Der untreuen Frau wurde also zur Erklärung aufgefordert. Sie verteidigte sich, indem sie sagte, sie werfe sich nichts vor.
„Du sollst dir wohl etwas vorwerfen! Erzähl uns mal davon!“, beharrte der traditionelle Priester.
„Ich bin zuversichtlich. Ich werfe mir nichts vor“, wiederholte die Frau.
Der traditionelle Priester gab aber nicht nach und beharrte darauf, bis die Frau enthüllte: „Verehrter Priester, ich weiß jetzt, wovon Sie sprechen. Als mein Mann und ich heute zur Zeremonie kommen wollten, war ein unvorsichtiger Mann vom Baum, an dem wir vorbei ritten, hinabgefallen. Dabei hatte er in der Anwesenheit meines Mannes

meine Nacktheit gesehen. Darf ich mir nur wegen dieses Zwischenfalls etwas vorwerfen?“

Da ihr Mann auch beim Zwischenfall dabei war, bestätigte er die Aussagen seiner Frau. So konnte die Frau durch ihren Trick ihre Untreue verdecken.

Deshalb darf man den Frauen kein blindes Vertrauen schenken.

Der habgierige Jäger

Mein Märchen springt hin und her und setzt sich auf einen Jäger.

Jener Jäger war arm und kam immer erfolglos von der Jagd zurück. So jammerte er tagtäglich über sein Schicksal.

Es trug sich zu, dass er eines anderen Tages auf die Jagd ging und sich unverrichteter Dinge unter einem Baum ausruhte, indem er erneut jammerte: „Da geschieht schon wieder, dass ich heute noch kein Tier erschossen habe! Was werden denn meine Kinder essen?“

In jenem Augenblick tauchte ein wunderschöner Vogel aus dem Gebüsch auf, setzte sich auf den Baum, unter dem der Jäger saß, und fing an zu singen. Als der Jäger den Vogel erblickte, sagte er zu sich: „Ich habe bisher kein Tier getötet. Da geschieht es, dass ein Vogel vor mir erscheint. Besser einen Vogel in meiner Jägertasche nach Hause bringen als nichts.“

Auf der Stelle griff der Jäger zu seinem Gewehr und wollte auf den Vogel schießen. Aber kaum hatte er das Gewehr auf den Vogel gerichtet, sagte jener: „Lieber Jäger, erschieße mich nicht! Ich kenne deine Probleme und kann dir helfen, sie zu lösen. Ich kann dich reich machen.“

Der Jäger war über die Maßen erstaunt, dass der Vogel so geredet hatte, und fragte ihn, was für ein Problem er wohl haben könnte.

„Ich weiß, dass du immer leer von der Jagd zurückkommst und deine Kinder deswegen hungrig bleiben“, enthüllte der wunderschöne Vogel.

„Und wie kannst du mich reich machen?“, fragte neugierig der Jäger weiter.
„Man nennt mich Nyinbodu *(Das bedeutet: Ich lege Eier und du verkaufst sie)*. Bring mich zu deinem Hause und lasse mich eine Stelle zurechtmachen, wo ich bleiben werde. Jeden Tag werde ich ein goldenes Ei legen, das du verkaufen kannst. So wirst du reich sein“
Das erfreute sehr den Jäger und er steckte sein Gewehr wieder ein. Dann nahm er sorgfältig den Vogel, brachte ihn nach Hause und setzte ihn in sein Zimmer.

Früh am Morgen am Tag darauf kam er zum Vogel wieder und sah ein goldenes und glänzendes Ei. Da nahm er das Ei und ging es verkaufen. Den Tag darauf legte der Vogel wieder ein anderes goldenes Ei und er verkaufte es auch. Und so ging es weiter, bis der arme Jäger so reich wurde, dass er sogar seinen Freunden half.
Eines Tages überlegte sich lange der Jäger und sagte zu sich: „Wozu dient mir dieser kleine Reichtum. Ich will reicher werden als jetzt. Und das goldene Ei, das der Vogel jeden Tag legt, kann mir nicht weiter helfen. Besser wäre es, dass ich den wunderschönen Vogel töte und aufschlitze, um die vielen goldenen Eier in seinem Bauch auf einmal zu nehmen und zu verkaufen. Dadurch kann ich stinkreich werden.“
Wie gedacht nahm der Jäger den Vogel und schlitze ihn auf.
Wie schlecht war er überrascht! Er sah kein goldenes Ei mehr im Bauch des Vogels und wurde seit jenem Tag immer ärmer. Da fingen alle seine Freunde, denen er geholfen hatte, Distanz zu ihm zu wahren.

Der Jäger hegte immer Hoffnung und sagte: „Morgen gehe ich auf die Jagd wieder und setzte mich unter denselben Baum wie beim vorigen Mal und jammere. Sicher wird ein anderer, dem ersten gleich aussehenden Vogel auftauchen und mich stinkreich machen."

So ging er den Tag darauf auf die Jagd wieder, setzte sich unter denselben Baum und fing an zu jammern.

Kurz darauf tauchte ein anderer Vogel auf und setzte sich auf den Baum, unter dem er sich befand. Auf der Stelle griff er zu seinem Gewehr und wollte auf den Vogel schießen. Jener bat ihn aber, ihn nicht zu erschießen, er würde ihn belohnen.

Der Vogel gab aber keine Angabe über die Art der Belohnung.

Der ungeduldige Jäger fragte den Vogel nach seinem Namen.

„Man nennt mich Blaboxo *(Ich binde ihn fest und prügle ein)*".

Der Jäger machte aber keine Aufmerksamkeit auf die Bedeutung des Namens des Vogels, denn er war von seinem Ehrgeiz, stinkreich zu werden, völlig verblendet. Da nahm er den Vogel und brachte ihn nach Hause.

Zu Hause angekommen machte er ihn eine Stelle zurecht und ging schlafen.

Den Tag darauf kam er zum Vogel wieder. Er sah aber kein goldenes Ei und fragte den Vogel, was er ihm wohl schenken möchte.

Auf der Stelle band der Vogel den Jäger fest und prügelte ihn so lange, bis er zu bluten anfing. Dann band er ihn los.

Da sagte der Jäger zu sich: „Ich werde nicht allein diese Bestrafung genießen. Meine Freunde, denen ich geholfen hatte und die sich von mir wegen meiner gegenwärtigen Lage entfernt hatten, sollen auch diese Bestrafung mit genießen."

Daraufhin ging er zu einem seiner Freunde und sagte ihm, er habe einen anderen magischen Vogel gefunden, der ihn reich machen könnte.

Als jener vom Reichtum hörte, nahm er sofort den Vogel, schloss ihn in seinem Zimmer ein und fragte ihn, was er ihm wohl schenken möchte.

Kaum hatte er dieses Wort ausgesprochen, band ihn der Vogel fest und prügelte ihn so lange, dass er auch zu bluten anfing. Dann band er ihn los.

Wie der Jäger, brachte der Freund den Vogel zu weiteren Freunden und erzählte ihnen dieselbe Lüge wie der Jäger.

Und der Vogel band sie auch fest, prügelte sie lange und band sie wieder los.

So hatten der Jäger und seine Freunde dieselbe Bestrafung bekommen.

Deshalb dürfen wir uns mit dem begnügen, was wir haben, denn der Jäger ist wegen seines übertriebenen Ehrgeizes ärmer wie früher geworden.

Der unehrliche Bräutigam

Mein Märchen fliegt hin und her und setzt sich auf Adononyogbo (gespenstartige Figur) und Asiansian (große stinkende Ameise).

Ein König, der drei wunderschöne Töchter hatte, wollte sie zur Heirat geben. Diesbezüglich berief er eine Versammlung ein und teilte es allen Anwesenden mit. „Hört aufmerksam zu, meine lieben Untertanen! Ich will meine Töchter zur Heirat geben. Aber vordem stelle ich eine Bedingung: Meine Töchter wird jener heiraten, dem es gelingen wird, ihren jeweiligen Namen zu erraten. Ich gebe euch sieben Tage, um die Namen herauszufinden."
Kaum hatte der König die Probe bekanntgegeben, dass sowohl Menschen als auch Tiere schon vor Neid brannten, der Bräutigam der Königstöchter zu werden, denn alle drei Töchter waren von ausgesprochener Schönheit.
Keiner wusste aber im Dorf, wie die drei Königstöchter hießen, denn diese wurden immer durch ihren Spitznamen gerufen.

Es gab in dem Dorf einen Baum mit Früchten, unter dem ein Fußweg war. Da die drei Königstöchter oft fern von dem Königshaus Wasser holten, schlugen sie diesen Fußweg ein. Nur Adononyogbo, einer der Vorwärter der drei Töchter, wusste das.
Er dachte also bei sich: „Es wäre besser, dass ich mich auf den Baum, unter dem die drei Töchter zu passieren pflegten, setzte. Wer weiß, was daraus kommt."

Daraufhin ging Adononyogbo den Tag darauf sich auf den Baum setzen und wartete ab.

Drei Tage lang wartete er ab, bevor die drei Töchter erschienen.

Als die Königstöchter sich an jenem Tag dem Baum näherten, pflückte Adononyogbo eine Frucht von dem Baum und ließ sie auf den Boden fallen und glaubte, die drei Töchter würden dadurch einander rufen und er könnte ihre jeweiligen Namen hören.

Die Töchter blieben aber schweigsam, nahmen nur die Frucht und gingen ihres Wegs. Und so blieb es bis zum fünften Tag vor der Probe.

An dem fünften Tag war es nicht mehr eine Frucht, die Adononyogbo vom Baum pflückte und auf den Boden fallen ließ, sondern mehrere Früchte.

Die drei Königstöchter konnten jenes Mal sich nicht mehr zurückhalten. Die ältere Tochter rief die zweite Tochter und sagte: „Agbonkpemi, geh und nimm diese Frucht, die da auf dem Boden lag!“

Dann sagte Agbonkpemi zu der jüngeren Tochter: „Mewanounoumi, dort drüben ist noch eine Frucht. Geh und nimm sie auch!“.

Auch Mewanounoumi sagte zu der Ältesten: „Memawanoude, Guck mal! Hinter dir ist noch eine andere Frucht. Geh und nimm sie!“

Adononyogbo, der in jenem Augenblick immer auf dem Baum war, hatte die Namen aller drei Töchter mitgehört und behielt sie alle fest im Kopf.

Es trug sich zu, dass Adononyogbo in der Nacht an jenem fünften Tag schwerkrank wurde und sich am siebten Tag

nicht auf den Königshof begeben konnte, um an der Probe teilzunehmen.
Adononyogbo hatte aber einen vertrauten Freund namens Asiansian.
Er rief ihn am Vorabend der Probe zu sich und sagte: „Mein lieber Freund Asiansian, du weißt, dass ich schwer krank bin und kann deshalb nicht mehr an der Probe, die der König morgen veranstaltet, teilnehmen. Mir ist es aber gelungen, die jeweiligen Namen der drei Königstöchter zu entdecken. Die ältere heißt Memawanoude, die weniger ältere Agbonkpemi und die jüngere Mewanounoumi. Nimm an meiner Stelle an der Probe teil. Aber wenn du die Probe bestehst, werden die drei Königstöchter meine Frauen sein."
Asiansian nickte als Zustimmung und nahm Abschied von seinem Freund.

An dem Tag der Probe begab sich Asiansian auf den Königshof.
Dort hatten sich schon alle Bewerber um die drei Töchter um den König versammelt, der auf die Antwort jeder Bewerber hörte.
Alle Vorschläge waren aber falsch.
Da legte Asiansian den Finger hoch, ging in die Mitte der Versammlung und deckte die drei Namen der Königstöchter auf.
Der König, der sich nicht mehr von seinen drei wunderschönen Töchtern trennen wollten, könnte nichts anderes machen. Er gab ungern Asiansian seine drei Töchter zu Frauen. Und diese folgten Asiansian nach Hause.

Zu Hause angekommen weigerte sich Asiansian, seinem Freund Adononyogbo, wie vereinbart, die drei Königstöchter zu Frauen zu geben, zumal sie alle drei wunderschön und sehr verführend waren.

Alle Versuche von Adononyogbo, ihn dazu zu überreden waren ergebnislos.

Als Adononyogbo schwer krank geworden war und nicht mehr herausgehen konnte, hatte er seine Notdurft in einer Kürbisflasche verrichtet, so dass diese überfüllt war.

Als Asiansian eines Tages ein Wasserbecken in der Dusche zum Waschen deponiert hatte und herausgegangen war, drang Adononyogbo in die Dusche ein und goss ein bisschen von seiner Notdurft im Wasserbecken. Dann mischte er sie mit dem Wasser und ging hinaus.

Bei seiner Rückkehr ging Asiansian unmittelbar in die Dusche und wusch sich, ohne nichts zu bemerken.

Nach der Dusche fing er aber an zu stinken, und alle drei Königstöchter trennten sich deswegen von ihm.

Sie gingen zu seinem Freund Adononyogbo und erzählten ihm, was mit ihrem Mann Asiansian passiert war. Adononyogbo hörte ihnen aufmerksam zu und erzählte ihnen, wie es ihm gelungen war, ihre jeweiligen Namen zu kennen und sie Asiansian wegen der Krankheit zu verraten, damit er erfolgreich an der Probe teilnehmen könnte.

Und die drei Königstöchter wurden seit jenem Tag Adononyogbos Frauen. Asiansian seinerseits lebte in Einsamkeit bis zu seinem Tod.

Deshalb darf man nicht andere betrügen und sollte immer sein Versprechen halten.

VORSTELLUNG DER FON-VOLKSGRUPPE

Die Fon-Volksgruppe stammt aus Benin, einem kleinen Land in Westafrika. Das Land grenzt im Westen an Togo, im Osten an Nigeria sowie im Norden an Niger und Burkina-Faso und zählt ca. 11 Millionen Einwohner. 51, 2 % der Gesamtbevölkerung sind Frauen (Vgl. INSAE – Benin 2013). Das Land zählt nach rezenten Erhebungen von Sprachwissenschaftlern an der Université d'abomey-Calavi in Benin ca. 62 Sprachen und Ethnien, deren meist gesprochene Sprache die Fon-Sprache ist.

Laut der Geschichte stammt die Fon-Volksgruppe ursprünglich aus Oyo und Ife, dem heutigen Nigeria. Von dort aus waren sie nach Tado, dem heutigen Togo, gewandert und wiederum von Tado nach Allada, im heutigen Benin, weggezogen. Später im 17. Jh. gründeten die Fon-Angehörigen das Königreich Danxomê, das bis heute das bekannteste Königreich Benins ist.

Die Fon-Angehörigen wohnen hauptsächlich im Zentrum und im Süden Benins. Eine nicht unbedeutende Zahl der Fon-Angehörigen ist aus beruflichen Gründen in ganz Benin verteilt.

In den Fon-Gebieten im Besonderen und im Südteil Benins im Allgemeinen bleiben die Temperaturen relativ hoch aber stabil. Es gibt vier Jahreszeiten:

- eine lange Regenzeit von April bis Juli,
- eine kurze Trockenzeit von August bis September,
- eine kurze Regenzeit von Oktober bis November,
- eine lange Trockenzeit von Dezember bis März.

Die Fon-Gebiete sind im Vergleich zu vielen Gebieten Benins schnell erkennbar an ihrem rötlich gefärbten Sand. Das Klima und die Fruchtbarkeit der Erde erklären, warum der Ackerbau die Hauptaktivität in der traditionellen Fon-Gesellschaft ist.
Der Ackerbau basiert auf dem Anbau von Mais, Maniok, Bohnen, Yamswurzel, Okra, Palmennüssen, Erdnüssen, Ölpalmen, Tomaten, Orangen und Bananen. Die Fon-Gebiete Kpomasse und Zakpota sind jeweils die größten Produzenten von Tomaten und Orangen in Benin. Bei den Feldarbeiten werden bisher zum großen Teil archaische Werkzeuge wie Hacke und Buschmesser benutzt. Neben dem Ackerbau widmen sich die Fon-Angehörigen auch der Tierzucht, insbesondere der Ziege und des Geflügels. Eine geringfügige Zahl der Fon-Angehörigen sind gemäß der Tradition Jäger, selbst wenn die Aktivität der Jagd in den letzten Jahrzehnten wegen der Abholzung, der Entwaldung und des Buschfeuers und des daraus resultierenden Artensterbens stark zurückgegangen ist.

Ein Teil der Fon-Bevölkerung betreibt Handel. Dieser Handel besteht aus den oben erwähnten Agrarprodukten und von Zuchttieren, die auf den Märkten von Bohicon und Houndjroto in Abomey im Zentrum Benins und auf weiteren Märkten Benins und Westafrikas verkauft werden.

Außerdem nahm und nimmt bis heute das Handwerk einen hohen Stellenwert im Leben der Fon-Bevölkerung ein. Dieses Interesse am Handwerk geht auf die Hierarchisierung des Königreichs von Danxomê zurück, nach der bestimmte Familien bzw. Linien mit spezifischen Handwerksarbeiten beauftragt wurden. Diesbezüglich wurden u. a. die Familien HOUNTONDJI und YEMADJE mit der Herstellung von Kunstwerken beauftragt, wie z. B. die Herstellung von Jagdgewehren, Schmucksachen, Edelsteinen, Gemälden, Leintüchern etc. Die Künstler aus diesen Familien sind es, die die Kunstwerke hergestellt hatten, die von den französischen Kolonialherren beschlagnahmt worden sind, und die in europäischen Museen (z. B. Musée du Louvre in Paris) aufbewahrt werden. Diese Tradition der Herstellung von Kunstwerken wird bis heute in Abomey in Benin fortgesetzt.

Die Fon-Angehörigen halten an ihren traditionellen Religionen fest. Die weltweite bekannte Religion der Fon-Volksgruppe heißt Vodoun *(oft als Voodoo in der deutschen Sprache bezeichnet)*.

Mit der Einführung des Christentums durch die katholische Kirche im Jahre 1861 (Vgl. Balard 1999, Buchumschlag) ins Königreich von Danxomê widmen sich die Fon-Angehörigen auch dem Christentum. Ein weltweiter bekannter Katholik aus der Fon-Volksgruppe ist der im Jahre 2008 verstorbene Kardinal Bernadin Gantin, der von Juni 1993 bis November 2002 der Dienstälteste der Kardinäle im Vatikan war.

Ein geringfügiger Teil der Fon-Angehörigen gehört dem muslimischen Glauben an.

Zwar halten sich einige Fon-Angehörige an ihre Religionsvorschriften, aber manche leben im Einklang mit den traditionellen und importierten Religionen zusammen

LITERATURVERZEICHNIS

Balard, Martine: Dahomey 1930: mission catholique et culte vodoun. L´œuvre de Francis Aupiais (1877 - 1945). Missionnaire et ethnographe. Paris: L´Harmattan, 1999

INSAE – BENIN: Recensement Général de la Population et de l´habitation(RGPH4) : Que retenir des effectifs de populations en 2013? S.3.
http://www.insae- bj.org/population. html?